石 油 技 师

(45)

中国石油天然气集团有限公司人力资源部 编

石油工业出版社

内 容 提 要

本书以文集的形式介绍了石油石化企业技能人才培养、班组管理、经验分享、现场疑难分析与处理、技术革新等内容。有助于一线员工提升业务素养、提高业务水平。

本书可供石油石化各企业基层操作人员阅读。

图书在版编目（CIP）数据

石油技师．45／中国石油天然气集团有限公司人力资源部编．—北京：石油工业出版社，2024.2

ISBN 978-7-5183-6359-9

Ⅰ．①石⋯　Ⅱ．①中⋯　Ⅲ．①石油工程－工程技术－文集　Ⅳ．①TE-53

中国国家版本馆CIP数据核字（2024）第025695号

出版发行：石油工业出版社
（北京安定门外安华里2区1号楼　100011）
网　　址：www.petropub.com
编辑部：（010）64255590
图书营销中心：（010）64523633
经　　销：全国新华书店
印　　刷：北京中石油彩色印刷有限责任公司

2024年2月第1版　2024年2月第1次印刷
889×1194毫米　开本：1/16　印张：6.25
字数：155千字

定价：15.00元

（如出现印装质量问题，我社图书营销中心负责调换）

版权所有，翻印必究

目录 Contents

培训管理

中国华油集团高技能后勤服务保障人才队伍建设实践路径分析……………………………… 1
◆ 中国华油集团有限公司

以操作员工技能提升为核心的培训体系的构建与实施……………………………………… 5
◆ 朱安江　陈其亮　张臣静

扎实管理　班组为基……………………… 12
◆ 李建宁

经验分享

LNG接收站BOG压缩机气阀自主维修与国产化…………………………………………… 15
◆ 刘龙海

浅谈加油站便利店营销策略的分析和探索……………………………………………… 20
◆ 唐　颖

脱水橇闪蒸气利用与效果分析…………… 24
◆ 陈晓辉　杨新宇　陆　川　雷景皓

浅谈山区管道全自动焊接工艺研究……… 31
◆ 张　亮　吴　迪　李　亮　谭永亮　张晶晶

延长测井电缆安全使用周期的方法探讨……………………………………………… 38
◆ 李向华　张　连　马振志　刘俊臣　马赛麟

稠油井新掺液模式的探索与实践………… 43
◆ 夏洪刚　赵奇峰　冯萌萌　朱成龙　张　莉

现场疑难

导眼井压差卡钻处理与对策探讨………… 46
◆ 何玉龙　张　勇　闵光平　毛　丹　刘　强

碘量法运用中影响亚硫酸钠含量的因素分析……………………………………………… 52
◆ 赵志伟　张建光

浅谈生产异构级二甲苯过程中遇到的问题与解决方法……………………………………… 59
◆ 邵启超

带压测井作业扶正器遇卡处置与预防…… 64
◆ 牛步能　孔德博　刘春斌　陈绪龙　王　鹏

页岩气压裂管汇地面支撑架沉降监测与补偿探索……………………………………… 69
◆ 李先刚　徐铁军　刘国川　陈　科　邓浩宇

技术革新

基于TRIZ理论的可泄油抽油泵研发与应用……………………………………………… 74
◆ 刘　勇　韩　雪　陈　祥　王亚军　于海山

钻井液脉冲波技术在井内落物打捞中的应用……………………………………………… 81
◆ 尹立山　汲红军　林兵兵　武建军　王立新

柱塞泵组合阀安全防脱机构的研制与应用……………………………………………… 85
◆ 李金艳　姜　平　李　欢

提升螺杆泵井运行效率技术研究与应用……………………………………………… 88
◆ 李秉军　曾庆伟　王振东　徐　涛　吴桂强

自清洁量油尺的研制与应用……………… 91
◆ 杨文明　韩　娣　姜　宏

山地施工雷管运输工具研究与应用……… 93
◆ 张魁军

《石油技师》总策划　侯占宁

《石油技师》编辑部

主　　编　　刘丽　李丰
副 主 编　　胥勇　吴莺
责任编辑　　吴莺
美术编辑　　孙晋平　张聪　任红艳

主　　办
中国石油天然气集团有限公司人力资源部

协　　办
中国石油天然气集团有限公司技能专家协作委员会
石油工业出版社

编　　辑　　《石油技师》编辑部
通信地址　　北京市朝阳区安华西里三区18号楼
邮政编码　　100011
投稿网址　　http://syuj.cbpt.cnki.net
编辑部电话　（010）64255590
设计印刷　　北京中石油彩色印刷有限责任公司
出版日期　　2024年2月

中国华油集团高技能后勤服务保障人才队伍建设实践路径分析

◆ 中国华油集团有限公司

党的二十大报告指出，要深入实施人才强国战略，坚持尊重劳动、尊重知识、尊重人才、尊重创造，实施更加积极、更加开放、更加有效的人才政策。站在改革发展的新起点，中国华油集团有限公司（以下简称"华油集团"）牢固树立"人才是第一资源"理念，坚守中国石油大后勤服务战略支撑的使命责任，坚持精准培养与实战历练并举、弘扬工匠精神与提升品牌形象并重，在人才锻造、价值创造、品牌塑造的实践道路上迈出坚实步伐。

1 加强顶层设计，做好人才开发系统规划

2022 年 11 月，中国石油天然气集团有限公司（以下简称"集团公司"）印发的《关于加强新时代高技能人才队伍建设的意见》强调，"技能人才是支撑集团公司高质量发展、打造基业长青世界一流综合性国际能源公司的基础力量。"华油集团作为以行政服务、酒店商旅、物业配餐、海外后勤业务为主体的劳动密集型后勤服务企业，操作技能人员数量占企业用工总量七成以上。这支队伍在企业塑造服务标准、实现价值创造、传播品牌文化中发挥着重要的支撑作用。

华油集团党委始终把握"人"这一高质量发展的关键要素，紧跟集团公司人才强企战略部署，将技能人才开发工程作为"八大重点工程"之一，写入企业人才强企实施方案，牢固树立大力弘扬劳模精神、劳动精神、工匠精神的鲜明导向；直面发展通道不顺畅、待遇保障不健全、作用发挥不明显等影响高技能人才培养开发工作质量的瓶颈问题，配套出台《关于加强操作技能人员管理工作的指导意见》，统筹谋划，系统提出解决方案；结合后勤保障岗位人才培养规律和队伍素质提升需要，制定《华油集团/机关服务中心关于加强新时代高技能人才队伍建设的实施意见》，进一步丰富和加强顶层设计，探索高技能人才培养模式，优化和完善技能人才开发工作体系，不断健全完善人才培养、使用、评价、激励工作机制。

2 构建制度体系，夯实人才开发基础保障

育才造士，国之根本；千秋基业，人才为先。华油集团以工程思维系统推进高技能人才培养开发工作，一是制定包含9个方面、33项主要工作内容和具体措施的推进运行计划表，细化任务、责任到人、挂图作战、销项管理。二是针对调研中发现的基层操作队伍反映较多的工种专业成长方向模糊、职业技能等级评价渠道单一等问题，将《中华人民共和国职业分类大典》与企业用工实际紧密融合，首次制定印发《华油集团/机关服务中心工种目录》，涵盖后勤服务、勘探开发、工程建设三大领域，涉及38个大类工种、114个专业方向，实现操作技能队伍工种描述全覆盖。三是选拔酒店前厅服务、中式烹调、后勤综合维修等专业方向骨干力量参与集团公司职业技能标准编修，提升职业标准建设能力，掌握编修工作工具方法，同步建立与公司工种目录动态对应的职业技能标准体系，为操作技能员工技能水平和业务能力评价提供量化依据。四是聚焦高技能人才评价工作，坚持以技能提升为导向，以岗位需求为目标，优化完善职业化高技能人才评价体系，研究制定《华油集团/机关服务中心职业技能等级认定管理办法》，逐步搭建职业技能等级认定的"双渠道"模式，拓宽了高技能人才职业发展通道。五是组织人事部门面向所属二、三级单位积极开展制度宣贯和政策解读，为基层答疑解惑，确保工作部署到位、政策理解到位、措施落实到位、服务支撑到位。六是组建成立专班，通过调取资料、线上调研、专题研讨等方式，定期开展操作技能人员培养和管理制度应用评估，集中力量研究基层反映的热点难点问题，聚焦高质量发展对高质量技能人才队伍建设提出的更高要求，修订印发《华油集团/机关服务中心操作技能人员管理暂行办法》，进一步夯实制度保障基础。

3 实施分类培养，打造素质提升多元路径

按照人才成长规律，围绕主营业务特点和树人育才需要，在企业层面，分层次分类别制定技能岗位人员针对性培养方案，积极构建"华油集团—二级单位—项目部"三级培训体系；围绕技能人才培养选拔，搭建竞技展示平台，拟制企业竞赛管理办法和企业级职业技能竞赛办赛方案。整体规划赛、练、培结合的竞技管理体系，着眼高技能培养，强化课程、师资、平台等资源整合，组织编写物业、酒店、团餐等6项服务标准化教材，开发专业精品课程；组建以国家级烹饪大师和食品安全师、中国石油劳动模范、"双奥"服务明星等为骨干的内训师团队；加快完善"中油e学"华油分院平台功能，编制推广平台管理员操作手册，积极推进网络教室建设，集中教学优势力量精心打造冬（残）奥会服务专题讲座、楼宇工程服务等7项网络培训课程；以行政总厨、高端服务员、团餐服务等培训项目为重点，将新时代"大思政课"与前沿专业知识相结合、课题研讨与经验交流相结合、专业课程考试与综合性结业测试相结合，不断提高高技能人才专业能力和素养水平；按照人才队伍建设"生、聚、理、用"总体要求，着手搭建技能人才信息库，动态监测和分析人才数据，为人才分级培养、按需储备、精准管理提供基础数据支撑。

在所属二级单位层面，着重培养高层次服务水平，对标一流服务和行业标准，分专业有侧重

开展专业化技能竞赛，做到以赛促学、以赛促训。通过举办物业专业、酒店专业等主体工种服务技能大赛，逐步形成"干、学、练、赛"的人才培养模式，为高技能人才成长赋能。各单位积极搭建培训竞赛共享平台，定期组织员工赛前练后切磋技能、交流思想、总结收获，鼓励员工参加中国石油职业技能认证考评员资格认定，仅用时3个月便迅速集结完成了一支涵盖9个职业工种、10个专业方向共计17人的考评员队伍，拓宽了员工素质提升的"赛道"。

在项目部层面，着眼于岗位练兵和日常培养建立"师带徒、老带新、结对子"机制，形成技能面授、经验分享、情景模拟、案例分析等教学模式，通过"一月一主题、一季一评比"方式强化动态考核和效果评估，有效激发员工素质提升与项目高质量发展同频共振的内生动力，涌现出了"技能竞赛获奖师徒""技能革新节能师徒""教材编写传道师徒"等优秀师徒对子，岗位常态化练兵增强学悟互动、加速人才成长，建立起引才、育才、用才、留才的正向生态链。

4 驱动激励引擎，聚合赋能发展优势力量

华油集团因势利导，发挥组织合力，营造激励文化，助力操作技能队伍提质增效、增值赋能。

一是强化激励机制。将操作技能队伍建设考核指标列入全员业绩考核、三项制度改革与人才强企工程专项考核、提质增效价值创造行动专项考核等范畴，明确工效挂钩向高技能人才队伍建设成果显著的单位和一线操作技能人才参与生产难题攻关、实现成果转化的项目倾斜，树立"靠技能立身、凭业绩取酬"的鲜明导向。

二是优化分配结构。将高技能人才培养与工时计量管理有机结合，通过多元化培训提高操作技能人员工作质量和效率，搭建500余项可计量工作标准工时库，提升有效工时，精简用工总量，提高人均劳动效率。建立收益分成制，将控降的人工成本用于绩优者二次分配，一线优秀操作服务人员月度绩效工资平均增幅近10%，人均服务面积提升5%。

三是丰富实践载体。注重在高技能复合型人才中育典型、树旗帜，通过企业劳动模范、青年岗位能手、"两优一先"等选树培养，不断扩大高技能人才正向影响力。通过"金点子"合理化建议、经济技术创新和"五小"创新项目，为高技能人才岗位建功创效提供实践载体。人才强企工程实施以来，一线操作技能骨干在各类评优选先中获奖平均占比达35%，部分窗口服务单位操作技能人才获奖占比超60%，一大批服务意识好、技能水平高的一线优秀人才，成长为展示华油形象的靓丽名片。

四是营造文化氛围。抓住"五一"国际劳动节、"中国品牌日"、"华油集团重组五周年"等重要时间节点及宣传契机，面向服务一线开展"平凡岗位不平凡，感动华油匠心存"故事征集等活动，一个个倾注匠心、深耕岗位的动人故事通过企业网站、公众号平台、企业文化手册被记录和传播，广大一线劳动者以恒心守初心，锲而不舍、久久为功，谱写了技能强企、技能报国的时代凯歌，"人人皆为人才，人人皆可成才"的理念在公司上下蔚然成风。

5 强化实战历练，搭建成长成才广阔舞台

实践是检验本领、加速成长的"练兵场"。

华油集团服务团队以过硬的政治素质、精湛的技能水平、坚韧的意志品格，在满足中国石油系统内后勤服务需求的同时，多次高质量圆满完成党和国家领导人外事外访团组住宿、会议、配餐及专机接待等服务。高水平承办驻外使馆、联合国组织、非洲联盟等举办的活动和会议近千场次。先后服务2008年北京奥运会、2010年上海世博会、国庆阅兵观礼以及"一带一路"国际合作高峰论坛等国家重大活动。

2022年，在北京冬（残）奥会服务保障工作中，由1357名华油人组成的"阳光"服务团队，面对异常繁重的工作任务和紧张严峻的新冠病毒疫情防控压力，以服务"零差错"、防疫"零感染"、运行"零事故"，生动践行了习近平总书记"提高精准化、精细化管理和服务水平，打造安全、温馨、舒适运动员之家"的重要指示精神，收获感谢信426封、表扬卡633张，代表中国石油荣获"全国工人先锋号"殊荣，受到北京市委市政府和中国石油党组的表彰。在上海进博会举办期间，华油集团服务团队集中优势力量，慎终如始、精益求精，确保中国石油交易分团专业保障服务各环节的精准运行。"一带一路"倡议提出十周年之际，中国国家领导人于2023年3月20日至22日对俄罗斯进行国事访问，华油集团负责承担代表团入驻莫斯科中国贸易中心阳光酒店的服务保障任务。华油集团党委聚焦"两个维护"，铸牢政治忠诚，动员服务团队全体干部员工以"忠诚领袖、拥戴领袖、服务领袖"的实际行动，圆满完成此次服务保障任务，赢得了高访团组、驻俄使馆及集团公司的高度评价和一致认可。后勤服务领域里的"石油铁军"逐渐成长为专业化服务保障的"国家队"，在为国争光、为企争荣的同时，也为高技能人才磨砺本领、成长成才提供了更加广阔的舞台。

新时代呼唤工匠精神，新征程倡导技能报国。立足新发展阶段，华油集团将牢记中国石油专业后勤服务保障公司职责定位，聚焦"服务中国石油党组决策、主业发展、民生改善"三大后勤保障任务，以"人才是第一资源"理念为引领，以人才强企提升年部署为纲要，围绕技能人才开发工程系统发力，全面提升人力资源价值，推进服务人才创新创效，始终把全力锻造一支爱党爱国、忠诚企业、敬业奉献、技艺精湛、结构合理、素质优良的高技能后勤服务人才队伍，作为践行新发展理念、构建新发展格局、推动专业化后勤服务企业高质量发展的动力之源，作为践行"以人民为中心"思想，增进员工群众民生福祉的必然选择，走好"扎根石油、服务立基、报效国家、奉献社会"的实践之路，为全面建设基业长青的世界一流综合性能源公司贡献华油力量。

以操作员工技能提升为核心的培训体系的构建与实施

◆ 朱安江 陈其亮 张臣静

随着国家物联网战略的提出，根据新疆油田公司深化企业改革，推进"油公司"管理模式的要求，采油二厂以自身的转型发展为契机，结合油田信息自动化建设的整体部署，积极探索智能化油田建设方式和与自动化相适应的劳动组织模式，力求解决产能建设增加、员工队伍老化、用工总量控制等制约油田发展的问题。为了适应企业形势的发展变化，采油二厂坚决落实中国石油天然气集团有限公司（以下简称"中国石油集团"）三项制度改革要求，依靠物联网、大数据、移动互联等信息技术，积极推进新型采油气管理区建设，健全生产指挥中心+运行维护中心生产组织模式，着力提高生产效率，全力打造智慧油田，为新疆油田公司转型树立示范标杆。

随着新型生产模式的建立，对员工技能水平提升尤为迫切。将岗位需求与物联网运维工作、专业技术、管理能力、综合素质等培训有机结合起来，建立有效的培训体系，培养造就复合型优秀人才，为企业高质量可持续发展提供坚强的人力资源保障。

1 构建培训体系的重要意义

按照新疆油田公司新型采油气管理区建设实施方案，以提高发展质量和效益效率为目标，加快数字化转型和智能化发展，优化生产组织模式，为建成与"油公司"模式相适应的新型采油气管理区，实现业务流程优化简洁、管理层级扁平高效、组织机构灵活精干、劳动用工大幅减少、效益效率显著提升，建立厂层级"生产指挥中心+运行维护中心"运行模式。

随着新型生产模式的建立，对员工综合技能水平提出新的要求，须建立有效的培训体系，培养造就复合型优秀人才，满足企业改革发展的需要。

1.1 企业高质量发展的需要

聚焦企业现状、新区块的开发建设、油田自动化的逐步应用与推广、机构设置的改革、新型管理模式的创建，在员工数量持续减少的前提下，提升员工技能水平迫在眉睫。企业必须大力提高员工综合业务素质，提升操作技能等级，提高专业技术水平，以缓解人员紧缺的现状，满足企业高质量发展的需要。

一方面，操作员工中高级工以下人员占比大，未达到公司高级工以上人员在操作员工中占比85%以上的水平。由于操作员工年龄老化且少数民族员工比例高，理解力、记忆力比较差导致学习能力弱，近年操作员工职业技能鉴定合格率一直在50%左右。操作员工技能提升缓慢，无法满足新型生产模式下对岗位的技能需求。

另一方面，随着智能油田建设的深入推进，对工程地质信息一体化专业技术要求越来越高，单一技能的专业技术人员已无法满足企业发展的需要，须全方位地加强专业技术人员和一般管理人员的综合技能培训。

1.2 员工自我价值实现的需要

企业员工的全面发展不仅是其基本生存、安全、尊重、社交等需要的满足，而且也是他们自我价值实现的需要。员工通过职业技能鉴定，提升技能等级，不仅能够丰富员工的理论知识体系，也能满足员工物质福利的提高及个人身份、自我价值的追求。

2 构建培训体系的主要措施和做法

2.1 超前谋划，建立配套体制机制

2.1.1 建立培训管理体系，落实直线责任和分级分类管理

建立配套培训管理体系，全面梳理流程，贯彻体系管理理念，人事（组织）科牵头抓总，充分发挥业务需求导向作用，明确培训工作责任主体，统筹规范培训组织工作，压紧压实各业务部门培训管理责任。员工培训站负责培训计划的组织实施与督导，相关科室部门及基层单位依据制度抓好培训项目设计。严格把控培训工作各环节，切实做到分级分类管理，提高培训质量管控。

（1）推动员工培训工作科学化、制度化、规范化，印发《新疆油田公司采油二厂员工培训工作实施细则》。

（2）依据国家、中国石油集团职业技能标准，结合生产经营实际，紧跟技术发展，以评价技术技能水平、选拔优秀人才、提升队伍素质为目的，统一组织开展综合性技术技能比赛活动，印发《新疆油田公司采油二厂职业技能竞赛管理办法》。

（3）立足岗位开展员工岗位能力识别，印发《新疆油田公司采油二厂员工能力评价管理办法》。

（4）统筹培训需求分析，加强培训组织与实施，印发《新疆油田公司采油二厂2022年培训计划》。

2.1.2 强化顶层设计，制定配套自动化模式培训方案

结合《新疆油田公司采油二厂自动化模式下的运行方案》制定《新疆油田公司采油二厂自动化模式培训实施方案》，结合编制定员，进行人力资源规划，统筹推进自动化模式下的短期培训和长期培训、通用培训和专项培训。

（1）高级层员工超前培训，中级层员工中长期培养，初级层员工从基础知识入手。

（2）组织开展解决一般问题、提升整体素质的通用技术（技能）培训和解决典型问题、提升专业能力的专项培训。

2.1.3 加强基础建设，优化培训运行和保障措施机制

（1）建立采输培训基地、自动化仪修培训基

地，提供培训设施保障。为满足新型油田作业区培训的需求，在原有功能的基础上，编写61培训基地功能设施完善方案。在基层作业区与相关部门的共同努力下，完成了61采油实训基地抽油机的自动化整改及集输实训基地设备的完善，满足了采油工、集输工、注水泵工的实操培训。2020年7月着手在油区建立自动化仪修培训基地，包括学习教室、维修操作间、设备检测平台、物资库房。2022年4月油区自动化设备维修、检测、培训、仓储基地完工，至此自动化业务培训前移至油区一线，大幅提高了工作效率。

（2）完善培训管理机制。坚持培训工作例会机制，每周由员工培训站对基层单位开展培训工作指导、检查、经验交流。为检验基层单位培训效果，坚持培训进度月考制度，通过员工培训站集中开展有针对性的月考，落实基层单位基础培训实效。每季度开展培训工作大检查，进一步规范员工培训基础管理工作，确保相关培训要素受控。将培训工作考核细则纳入《新疆油田公司采油二厂基础管理工作考核细则》，对月考合格率不达标单位及季度大检查培训工作落实不到位单位进行考核；各基层单位结合本单位实际情况建立《员工培训管理考核办法》，根据员工培训工作开展实效，对学员及培训工作负责人进行奖惩。从而形成厂统筹、培训站落实、基层单位配合开展的三级联动学习环路，保障各项培训工作落地落实。

（3）转化培训模式、援引外部师资。采取"请进来""走出去""引上台"等多种方式，利用网络、远程教育等现代化的培训资源和手段，结合工学矛盾突出等问题，更多地采用"短平快"的培训模式，扩大培训覆盖面。同时开展专题讲座、专题调研、交流讨论等活动，丰富培训形式。开展培训"上门服务"，将HSE管理体系等重点检查、督察内容的培训课程送到基层，实现检查、交流、培训一体化。

2.2 立足员工技能提升，统筹开展适应性培训

2.2.1 高级工以下操作人员持续开展技能"脱贫"培训，提升操作技能

针对高级工以下人员技能薄弱、不能满足岗位需求的问题，编制三年技能"脱贫"方案，深入摸排高级工以下人员情况，差异化制定技能脱贫个人培训计划，采取基层单位班组自主化基础培训、员工培训站集中脱产强化培训、专项特殊基础提升培训三级联动培训机制，选派理论教学经验丰富和具备考评员资格的实操兼职教师进行讲解，通过严格的班级管理和高标准的培训考核，以最贴合鉴定考试的标准开展培训，提升员工技能基础。

（1）编制"口袋教材"，提供贴身教科书。根据新版石油石化职业技能培训教程分工种、分级别编制口袋教材。将培训教程题库编制为A6版本，标识选择题正确答案、标注判断题错误内容。让员工一改学习厚重的理论教材，变为随身携带的"口袋教材"，能够随时随地使用贴身教科书进行理论学习。截至目前，编制采油工、集输工、轻烃装置操作工、注水泵工、采气工5个工种共11套教材，并发放至每位参加职业技能鉴定员工手中。

（2）编制"技能工具书"，提供技能小字典。针对年龄较大、学历低、国语水平较差员工，编制"技能培训工具书"，将职业技能鉴定理论教材内常用字作为检索字，罗列相关词语，并对每个字逐一标注拼音。与此同时，将职业技能鉴定

实操项目内需要书写的常用字，在标注拼音的基础上，标注书写笔画，为员工提供贴身技能小字典，让员工能够在学习中随时查阅。截至目前，根据采油工中级工和高级工相关知识共编制了2本"技能培训工具书"，并发放给参加职业技能鉴定中存在理论学习困难的员工。

（3）编制智能教案，开创智慧新课堂。通过摸底调研，员工中普遍存在理论题目记忆困难、相似题目易混淆的问题。员工培训站组织具有职业技能竞赛经验的选手进行开发研讨，分工种、分级别采取精准筛选、混淆比对、联想记忆等有效措施，将理论题库的题目进行分类整理，为员工提供高效便捷的学习方式，改变员工被动学习为主动学习状态，极大程度解决因年龄、语言等因素制约理论鉴定合格率的难题，降低学习难度、提升学习成效。共开发编制采油工、集输工、注水泵工3个工种7套教案，并投入脱产培训使用，培训效果颇佳。

（4）推广问卷系统，打造新型练兵场。为了给员工营造良好的学习氛围，让员工能够随时随地进行职业技能鉴定理论试题练习，员工培训站全面开发问卷网功能，针对职业技能鉴定理论题库整合分类，通过问卷网设置不同工种、不同级别分类练习题库，并模拟鉴定理论考试时间、题量占比设置随机组卷考试。通过系统后台自动对每位员工测试数据进行智能分析，形成成绩汇总曲线图及错题频次分析图，培训管理人员可以通过后台数据实时掌控员工学习情况及学习难点。通过开发采油工、集输工、注水泵工3个工种的问卷系统录入，并在基层单位及员工培训站脱产培训中推广使用，对基层单位组织岗位培训和员工自主学习帮助显著。

（5）实施教学拓展，塑造优秀培训师。优秀的兼职教师能够使培训达到事半功倍的效果。员工培训站在开展职业技能鉴定脱产培训前，摸底选派学习能力及责任心较强的兼职教师，每位兼职教师在授课前集中开展智能教案及问卷系统的使用培训，并结合员工的学习方法对智能教案进行添加完善。

（6）应用智慧培训，提升鉴定合格率。通过技能"脱贫"基础培训、技能"脱贫"强化培训、技能"脱贫"基础提升三层次开展培训，形成岗位、课堂、家庭三级联动的培训模式，确保培训更加细化、更具针对性地有效开展。

2.2.2 高级工及以上操作人员低压电工取证培训，提升综合技能

依照新型采油管理区改革需求，全面推进自动化及配套技能培训，加大高级工及以上高技能人才相关特种作业取证力度，每年开设低压电工培训，计划到2023年完成高级工、两级技师低压电工取证全覆盖。

2.2.3 兼职驾驶员上岗培训，转变巡检方式

为提高工作时效，转变巡检方式，配发电动皮卡车，改步行巡检为驾车巡检，减少无效路程耗时，同时保障车巡持证上岗。

2.2.4 自动化运维培训，促进员工素质转型

为加速采油二厂采油专业高级工及以上人员对物联网系统的深入了解以及对物联网设备运维操作技术的熟练掌握，结合采油二厂物联网系统工作的整体部署，进一步提高物联网设备使用效率，建立"属地为主，厂级为辅，委外保驾"的三级运维保驾体系，确保运维系统正常运行。开展RTU、压变、示功图、电参等自动化设备安

装、拆卸、基础故障判断、参数设置、调试等技术培训，编制了采油二厂生产自动化基础知识手册，RTU、CPE设备故障排查，示功图、压变、RTU拆装的各类技术培训教材。

针对全厂仪修工开展多期自动化仪修培训工作，通过培训，作业区所有仪修人员掌握设备安装、接线、配置、设备联调、通信调试、基础故障排查及处理等基础技术；通过提高班，部分仪修人员逐步掌握疑难故障排查处理、问题解决思路、程序烧录、升级、转换、高级参数配置调试等进阶技术。组织成立电气自动化兴趣小组，广泛吸纳具备电气仪表自动化维护技能的操作技能人才，积极参与日常解决难题、合理化建议等工作中，每月开展一期自动化相关技术讲座，每季度开展一次难题技术交流。在职业技能竞赛中，创新开设自动化设计与应用挑战赛，助力自动化人才培养。

2.2.5　HSE矩阵培训、安全生产等基础培训，提升安全生产能力

采取询问、资料检查、座谈等方式，检查督导培训进展，收集存在问题，了解培训需求，落实基础培训执行情况。为提高《中华人民共和国安全生产法》普法宣传效果，强化全体员工安全生产责任意识，采油二厂组织在岗员工开展《中华人民共和国安全生产法》的培训考试工作。针对部分考试不合格的员工，组织开展针对性的强化培训，对薄弱环节进行重点补强，并重新组织考试，确保每位员工都能在一定程度上掌握《中华人民共和国安全生产法》。同时，组织全厂涉及操作规程的员工开展为期3个月的操作规程与操作卡的培训考核工作，建立"一人一档"学习记录平台，确保岗位员工能够切实掌握好操作要点。

2.3　强化综合素质提升，实施专项培训

2.3.1　班组长能力与素质提升培训，促进高技能人才培养

积极推进技能骨干人才梯次培养，结合生产组织模式变革和岗位要求变化，深入实施技能人才培养开发工程，针对班组整合和改革对班组长的能力需求，突出管理创新，根据技能、贡献和履职，采用"积分制"考核管理；建立技师担任班组长、班组长取得技师技能等级双培养模式，在一线创新、等级晋升、职业通道转换等方面予以支持。2022年委派12名优秀班组长参加公司开设的班组长胜任力培训班，经历"集中面授、返岗实践、返校总结"三个培训阶段，从"进取性、外向性、尽责性、宜人性、情绪性"五个维度，助力班组长个人提升。重点解决不愿担任班组长、技术能力不足、管理能力缺乏、执行力不足、不关注工作绩效等问题，着力强化现场管理和问题处理能力，打造一支服从安排、责任心强、懂生产、熟安全、会沟通、善凝聚的班组长队伍。

2.3.2　全面落实高技能人才"提质增效"专项行动，助力控投降本和提质增效

围绕专业基础知识、"四新"技术、关键操作技术技能等，提高两级技师队伍整体技能水平。开设轻烃装置操作工两级技师培训班，优派39名员工参加两级技师鉴定前培训，打通高技能人才培训晋升通道；组织参与公司评聘，成功推荐企业技能专家5人，首席技师8人；针对高技能人才作用发挥及管理，聚焦成长成才，通过专题技术研修、创新成果分享、专家异地交流等方式，培养造就技能领军人才；为列入中国石油集团"石油名匠"培育计划名单人选定制个性化培

养方案，实行专项培育。

持续开展"技能创新提效、精打细算降本"活动，充分发挥高技能人才作用，带领团队全面开展修旧利废、自主维修等工作，最大程度控投降本、挖潜创效。从精细设备管理、提升自修设备能力范围等方面入手，形成在设备设施、安全生产、油田生产自动化控制等方面具有推广价值的创新成果，并最终形成微课视频，在厂内公共平台共享，成果考核结果作为两级技师年度量化评聘依据。

为发挥高技能人才的技能引领作用，坚持举办技师在线课堂及师带徒活动，提升两级技师综合能力，切实做好"传、帮、带"工作，将徒弟技能考评结果纳入高技能人才量化考核中，推动师带徒活动有效开展。签订师徒协议，并要求"徒弟不进步，师傅不松绑"，严格考核兑现，保证过程真实。

2.3.3 以赛促学，践行人才强企战略

为培养人才、发现人才、锻炼人才提供平台，促进高素质技术技能人才快速成长，每两年举办一届厂级职业技术技能竞赛，结合油田公司与采油二厂生产实际，并贴合企业改革发展的需要，合理制定竞赛方案，设计竞赛项目。2022年9月成功举办了采油二厂第十六届职业技能竞赛，本次竞赛包括三级地质动态分析、采油技术赛事、两级技师精英赛、自动化挑战赛和操作工种竞技赛，全厂16家单位共154名员工参加。首次创造性提出自动化设计公开挑战赛，改变传统竞赛模式，充分发挥选手的主观能动性，通过灵活多变的解决方案，优选获胜能手。在两级技师中开展精英赛，提升高技能人才综合技能。竞赛为维护员工队伍稳定、推进建设"卓越、高效、智慧、和谐"的现代化采油厂发挥了重要作用。

3 取得的阶段性成果

3.1 营造优秀氛围

在摸排全厂人力资源之初，通过座谈交流让员工在思想上转变观念、明确素质转型培训的目的，营造人人追求优秀、积极上进的良好氛围，向家人、社会展现采油二厂人拼搏上进的良好风貌，传播正能量。新型生产模式下的培训通过精心设计、统筹整体、狠抓细节，形成了厂统筹、培训站落实、基层单位配合开展的三级联动学习环路，将理论与实际相结合、教学与测试相结合、整体教学与特殊辅导相结合，多维度激发员工的学习积极性，形成系统深入的培训模式。

3.2 提升员工技能水平

2022年通过实施技能脱贫培训、自动化培训等，职业技能鉴定合格率显著提升，全年共组织92人参加各类职业技能鉴定，合格率68.48%，同比提高4个百分点，无证及岗证不匹配人员取证40人（含复合工种取证），高级工及以上人员取证19人，900余人次参加了厂内自主自动化培训，为保障现场自动化运维提供了坚实基础，培训成效显著。

3.3 提高企业发展动力

通过加快生产模式转变，在公司范围内率先建立老油田"生产指挥中心—运行维护中心"的新型生产组织模式转型样板，减少用工181人，减幅53%，实物劳动生产率由1503t/人提升至3625t/人。全厂员工总量控减187人，实物劳动生产率提高18%，人均劳动效率居油田公司前列。

石油企业的高质量持续发展需要高技能人才

的智力支持，员工技术技能水平不断提升的价值不仅体现在更加有效地维护正常的安全生产经营，更体现在为企业发展涌现的创新意识、技术革新，为企业注入源源不断的发展动力。

（作者：朱安江，新疆油田采油二厂，采油工，高级技师；陈其亮，新疆油田采油二厂，采油工，高级技师；张臣静，新疆油田采油二厂，采油工，高级技师）

扎实管理　班组为基

◆ 李建宁

辽河油田沈阳采油厂采油作业三区前116号站，共有油井21口、水井5口，员工7人。近年来，前116号站结合中国石油天然气集团有限公司提出开展"学习型、安全型、清洁型、节约型、和谐型"班组创建活动，积极探索班组建设新方法，千方百计抓好基层班组建设，强化员工素质，巩固生产阵地，使班组在生产安全管理中充分发挥主力军作用。

1　加强学习　确保生产安全高效

"磨刀不误砍柴工"，为了确保生产安全高效，小练兵工作已经成为采油小站长期持续进行的一项重点工作。若想让小练兵真正在实践中起到实效，具体练习项目的确定就变得尤为重要。前116号站对于自身小练兵培训项目的确立，遵循满足"五个需要"的原则：一要满足生产的需要；二要满足安全的需要；三要满足生产过程中不同季节及节日生产特点的需要；四要满足上级临时下达要求的需要；五要满足员工们的需要。

确定目标是方向，执行才是练兵工作的精髓，为了培训工作能收到最好的效果，全站员工一起，不断探索开创新的练兵模式。例如在"名师带高徒"活动中，根据本站实际情况，延伸出了"一师一徒""一师多徒""一徒多师""亦师亦徒"等多种形式，合理利用资源，方法灵活多变，本站的技能专家、技师等技能水平较高的生产骨干通过"一师多徒"，最大限度地发挥了传帮带作用。"一徒多师"有利于同志们从擅长不同技能领域的"教师"身上汲取丰富的营养。"亦师亦徒"，更是前116号站练兵工作的独特"风景"，就这样，每位员工的积极性都被调动起来，"今天我来当教练""技术竞赛现场模拟"等，不断更新培训方式，练兵现场总是回荡着同志们的笑声。这样，大家"喜欢练"、大家"抢着练"，一边充实自己的头脑，又体会到"学习型"班组的乐趣，班组成员学习兴趣大大提升。

2　群策群力　班组安全氛围浓厚

近年来，前116号站在厂及作业区的指导部署下，开展了安全环保基础年、杜绝习惯性违章、争创双无班站、迎春杯、安全月等一系列活动。在活动开展过程中，通过对上级下达的文件精神、理念等逐步加深理解及各项工作开展的实践经验，班组成员们深刻意识到精细化管理的重要性。在安全生产工作中，每一项工作，不管简单或困难，不管大事还是一个小细节，都要精细化，大到油井的安全生产，小到卫生间的卫生管理，哪怕就是一个物品摆放，都应该追求细节、追求完美，这样才能实现本质上的安全，营造一个真正安全的工作环境和生产过程。所以，前116号站从小处着手，从最日常的工作抓起，力求把每一件工作都做到最细、做到最好。

就拿站每天都要进行的班前会来说，以往的班前会主要就是"站长说"，说的内容主要是"安排工作"，现在的班前会更加精细，每天都由当值安全员组织召开，先学习上级新下发的文件精神，再用几分钟时间学习一个小事故或案例，就可以让大家掌握一个小预案，复习一个操作规程。然后部署当日的重点工作，并注重合适的人做合适的工作。针对当天要进行的各项操作，班组成员还要共同讨论，对每项工作进行一个危害识别及风险评价，分析可能发生的事故，应当注意哪些事项，群策群力想得更周全。此外，除了班前会，班后会也是不可缺的，每天下班前开一个总结会，谈谈当天工作值得学习推广的好做法，以后要注意的问题等。因此，本站的班前会内容更加丰富，质量有了质的改变，还形成了浓厚的群策群力、共同参与的安全生产氛围。

3 修旧利废 成本节约风气浓郁

前116号站积极响应采油厂提出的"成本节约2000万"和"人节一度电"活动，并结合本队生产实际特点，通过积极引导、全员参与确保节约挖潜增效活动落到实处。

首先，保证高产低耗，降低维修费用，是本站的当务之急，员工在工作中通过长时间的摸索和积累，针对本站油井所属区块沈116块的地层条件及油井实际生产特点，创建出了"油井管理五法"，即"参数优化曲线法、油井套压控制法、发现问题指导法、落实责任考核法、问题处理对策法"，加强日常管理，保证油井在合理化套压下生产，规范问题井处理流程，严格执行问题井程序化管理制度，最大限度地提高油井产量，2022年，延长该站油井的平均检泵周期36天，累计节余作业费用50万元。

站内照明线路改造为可调式后，及时根据时令调整照明开启关闭时间，夏季晚开早关，达到节电目的；夏季空调的使用也有严格的制度，使用温度最低不得低于26℃；自动饮水机和电脑都是用时才开启，从一点一滴处节约电能。

站上的工业及生活用水也是需要节约的能源，本站工业用水主要是通过控制注水，严禁超注现象，加强巡检，及时发现整改跑冒滴漏，防止水的无谓流失；生活中更是杜绝长流水，即使洗碗，也避免用长流水洗涤。日积月累，蔚然成风，本站的全体员工共同牢固树立了勤俭节约的理念，从长远着眼，从点滴入手，力求把本站班组建设成节约风气浓郁的"节约型班组"。

4 和谐班组 让员工体会家的温馨

原油生产是石油企业的主体工程，前116号站为创建能源与环境的和谐，力求保证油井的持续稳产，严格要求油井电加热、热洗、加药周期的合理性，努力优化油井工作参数，要求每名员工饱含责任心、细致工作，爱站如家。

自开展"五小"文化活动以来，该站员工都热情参与井站建设，在厂区领导的大力支持下，站容站貌日新月异，成为每名员工舒适、眷恋的快乐家园。小文化角不断扩展规模，从单一的专业书籍到琳琅满目的生活丛书，提高技能的同时也呵护员工的身心健康；小练兵场的建立让各项教案真正走下书本，让员工拥有了真正意义的练兵。"一师多徒""井站对抗"趣味、多样的方式让每名员工兴趣盎然、跃跃欲试，"玩笑"中悄然成就了一个又一个的岗位能手。"小伙房"做饭有微波炉、喝水有净水器，寒冬有空调、酷暑有冷饮，消毒柜、小冰箱，一个个崭新的电器，外表冷硬，却温暖着每名员工喜悦的心。小厕所装修一新，亮丽的瓷砖，柔和的照明，更比以前多了洗涮拖布的地池，洗衣物的手盆，挂衣服的挂钩、置物架等人性化的改进使如厕、洗澡真正变成了一项便捷舒适的享受。这些工作的深入开展使员工们切实体会到井站像家一样的温馨。

在本站员工心中，没有芥蒂、没有淡漠，上级对下级身先士卒、亲情激励，下级对上级将心比心、信任坦诚，修井场、夺上产、站外解堵、站内刷漆、酷暑防汛、抗击风雪⋯多少次携手并肩，友情、亲情，早已铭刻在彼此的生命，在这里，"站友"即是"战友"，岗位是他们的战场，青春是他们的钢枪，奋进是他们号角，深情是他们的徽章！汗水换来了累累的硕果，本站先后荣获过优秀班站、先进采油站、学习型优秀班站、青年文明号。

5　结论与认知

基为础，石为坚。前116号站进一步提高认识，转变观念；进一步解决影响和制约班组建设中的突出问题和薄弱环节；进一步构建充满活力、富有效率、有利于班组科学发展的体制机制，把班组建设成为安全高效、凝聚人才、开拓进取、团结和谐的基层组织，为前116号站的发展奠定扎实的基础，续写前116号站的华彩篇章。

（作者：李建宁，辽河油田沈阳采油厂，采油工，技师）

LNG 接收站 BOG 压缩机气阀自主维修与国产化

◆ 刘龙海

江苏 LNG 接收站有 5 台瑞士布克哈德生产的 2DL250B-2A_1 型 BOG 压缩机，其主要功能是对 LNG 接收站卸船和非卸船期间储罐内产生的 BOG 进行增压回收。气阀是压缩机的重要组成部分，压缩机中最容易损坏和压缩机的性能最直接相关的部分也是气阀。气阀设计制造水平直接决定了 BOG 压缩机的整体水平。气阀的种类很多，材料各不同，国际上的加工工艺已经非常先进，但是在我国，气阀的设计制造水平还比较低，研究还不够深入，所以对于气阀的进一步了解和研究，也是目前 LNG 接收站亟须解决的课题。

1 气阀自主检修技术

气缸气体的吸入和排出是通过气阀阀片的开闭来实现的，气阀在阀片两边气体压差下自动开启；在均匀布置于升程限制器上的弹簧的作用下自动关闭。阀片的升程、弹簧特性及弹簧力大小直接影响气阀的能量损失和阀片寿命。而弹簧力大小的确定与压缩机转数、气阀工作压力、气阀中气体的流速、气阀运动零件质量、阀片升程等因素有关。气阀是经过精确计算和设计的，对气阀参数尺寸及工作条件的任意改变，会影响气阀的正常工作和使用寿命。因此，必须对气阀的制造装配、使用及检查维修给以足够的重视。

江苏 LNG 接收站 BOG 压缩机气阀均采用金属网状阀，由阀座、阻尼器盘、阀片、弹簧、限程盘、螺栓等连接组合而成（图 1）。

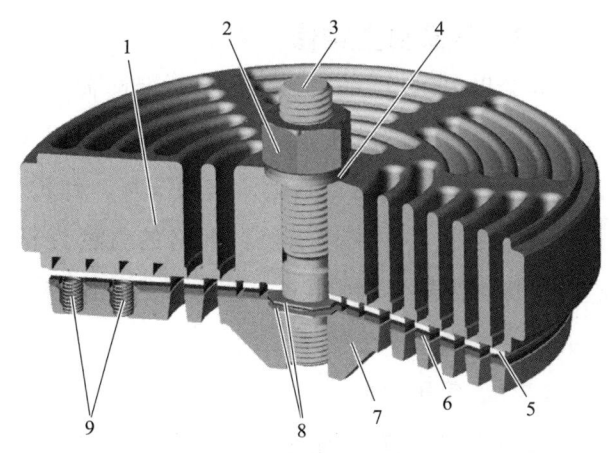

图 1 气阀结构图

1—阀座；2—螺母；3—中心螺栓；4—止退垫；5—阀片；6—阻尼器盘；7—阀门后盖；8—限程盘；9—气门弹簧

1.1 气阀常见故障

江苏 LNG 接收站一期 3 台 BOG 压缩机气阀在实际运行中经常发生的故障是：气阀堵塞、阀体较脏及螺纹断裂等问题。

1.2 故障原因分析

（1）气阀堵塞，常见的有槽道堵塞，密封面有大量的粉尘沉积，这是由于填料的节流减压环材质是石墨的。虽然与活塞杆是间隙配合，但是由于气流冲蚀、振动等原因，会造成石墨环磨损，磨损后的石墨粉尘进入气缸阀密封面。因此活塞杆压盖环更换时，务必测量活塞杆上整片环的径向间隙。安装新压盖环时，测得的压盖环间隙范围为 120.09～120.14mm。

（2）阀体较脏，这是由于管路管道很脏，介质不干净导致的，需要彻底对气阀进行清洗，检查管道增加过滤系统。

（3）螺纹断裂，主要体现在螺母发生局部断裂，中心螺栓在定位销处断裂，阀座上的定位销发生错位，同心阀的中心螺栓断裂，阀片也发生断裂，这些基本上都是由于安装不当导致的，需要调整安装方法，严格按照标准进行安装，避免上述问题出现。

1.3 气阀自主维修

本文以 BOG 压缩机进气阀（不带卸荷）检修为例，进行研究分析。江苏 LNG 多次对气阀进行自主维修，主要包括更换气阀阀片、弹簧、固定销等易损件。维修后经过严格的气密性试验，使气阀恢复到可用状态，极大节约了维修生产成本。主要维修流程如下。

1.3.1 气阀拆卸

为防止错误操作损坏阀体，使用专用夹具（图2），拆除阀座螺母，取出 NORD-LOCK 垫圈一对（止退垫），依次取出阀座、阀片、阻尼器盘、弹簧、限程盘。注意要保证阀座与阀盖之间的可靠夹紧，不允许有相对转动，否则会引起固定销的弯曲折断。

图 2　固定阀门专用夹具

1.3.2 气阀检查

（1）使用清洗液和软刷子清洁所有部件。特别要清洁阀座和阀盖上的杂质，保证所有区域都清洗。不要使用金属刷子或者锋利边缘的工具来清洁阀座密封面。

（2）仔细检查气阀缓冲片、固定销、弹簧等零部件状态，如损坏则更换。

（3）检查阀座及密封面，要求阀座无裂纹或阀座密封面无任何损坏。如密封面有磨损痕迹，则进行研磨，同时阀片也要进行研磨。

① 阀座和阀片磨损或擦伤轻微时，通过研磨进行修复；

② 阀座与阀片磨损或划伤较重的，更换阀片；

③ 阀座与阀片出现裂纹，应更换新件，如发生在阀座边缘，裂纹轻微的可进行补焊，然后在机床加工修复；

④ 不管是使用新的还是修复的阀座、阀

片，组装后都应经气密性试验，合格后方可使用。

（4）检查弹簧的高度。在平台或厚玻璃板上把弹簧放在一起并排列成排，用直尺检查其高度，把过高或过低的弹簧进行更换，最好是整个阀的弹簧一起更换，如数量不够，则按每圈的数量进行更换。一级进排气阀的弹簧因钢丝直径不同，不能互换。气阀弹簧检查表见表1。

表1 气阀弹簧检查表

项目 阀类别	每级数量	阀门类型	间隔盘片数×mm	升程 mm	弹簧数量	钢丝直径 mm
一级吸气阀	6	277-8-16	3×0.7	2.1	24	0.7
一级排气阀	6	277-8-16	3×0.7	2.1	24	0.9
二级吸气阀	4	218-16-32	3×0.6	1.8	18	0.9
二级排气阀	4	218-16-32	3×0.6	1.8	18	0.9

1.3.3 气阀组装

（1）经检查阀的各个零件都合格，按拆卸的逆程序进行组装。

（2）最后安装阀座螺母的力矩如表2所示。

表2 气阀力矩表

螺纹直径 mm	力矩	
	最小值 N·m	最大值 N·m
8	11	13
10	21	26

续表

螺纹直径 mm	力矩	
	最小值 N·m	最大值 N·m
12	38	47
16	95	116
20	189	231
24	315	368

1.3.4 气密性检验

按照原厂商图纸检查气阀所有相关的设计、安装尺寸。确认合格后，对组装后的气阀进行气密性测试，确保气阀维修质量。

采用压力降测定法对气阀进行气密检测，具体步骤是：向密封容器充气，达到设计压力后，停止充气。因气阀组件密封元件之间存在间隙，密封容器中的压力会逐渐下降。气阀间隙越大，下降到一定压力值（即压力下降的区间为定值时）所需时间越短，时间可由秒表测得。

1.3.5 去油

气阀测试合格后进行脱油处理。

2 气阀国产化

目前国内进口BOG压缩机气阀在平均使用8000h后，都会不同程度发生阀片破裂、弹簧磨损等故障，气阀的维修费用占比较大。原厂气阀采购周期长、成本高，因此结合生产实际，江苏LNG接收站对进口压缩机气阀进行国产化改造是非常有必要的。

2.1 外形尺寸测绘

为了完成气阀国产化替代，江苏LNG对布

克哈德原厂气阀优缺点进行了深入分析。测绘掌握了各级进排气阀、余隙阀的安装尺寸、安装高度，摸清了各级气阀的外形尺寸及结构形式。国产BOG压缩机气阀基本结构保持不变，也主要由阀座、密封元件、升程限制器等组成。

2.2 改造技术要求

2.2.1 材质要求

国产化的压缩机气阀与原厂气阀相比，主要区别在于阀片的运动规律及气阀材质，气阀材质必须有明确的要求：

（1）阀片设计须满足布克哈德压缩机制造商的要求；阀片材料必须经过精密冲压；阀片和阀座之间密封良好；阀片仍采用网状阀片结构，材质选用316L替代传统13Cr，减缓了阀座密封面磨损，提高了气阀使用寿命。

（2）国产气阀弹簧采用变刚性弹簧，材质选用17-7PH，依据新制阀片质量并结合弹簧自身质量选取弹簧的刚性系数；依据进气阀、排气阀与进气压力、排气压力的关系选取新制弹簧的弹簧力和气流最大推力比。

2.2.2 气阀整体性能要求

（1）流通面积大，流通性好，阻尼小；
（2）运动部件轻，撞击能量小；
（3）对压差响应迅速；
（4）外形紧凑，使气阀的余隙容积小；
（5）低噪声；
（6）寿命长，可靠性好；
（7）易保养和维修。

2.3 国产气阀装机试验

国产改造后的气阀依据上述要求委托国内制造商完成加工。BOG压缩机A/B/C布克哈德原厂气阀（22套）分别于2019年3月、2019年7月、2019年5月全部更换为国产气阀。通过2年多的装机试验，国产气阀运行已超8000h，状况良好；各级气阀工艺参数基本与进口气阀一致，其使用时间也均满足要求。

2.4 经济效益计算

直接经济效益：

（1）布克哈德原厂气阀费用计算：按每套气阀平均3.5万元计算，每台压缩机22套，共计77万元。

（2）国产气阀费用计算：每套国产气阀加工费用平均1.2万元，每台压缩机22套，共计26.4万元。

根据压缩机运行情况，两年检修一次，因此每年每台设备直接产生经济效益25.3万元。

3 结论

江苏LNG通过进口BOG压缩机气阀自主维修实践，掌握了气阀故障原因及关键维修技术；国产改造后的BOG压缩机气阀在江苏LNG接收站的成功应用，不仅保证了设备运行的可靠性，缩短了采购周期，还大幅降低了生产成本，保障了公司生产的安全平稳运行。

参考文献

[1] 活塞式压缩机设计编写组. 活塞式压缩机设计[M]. 北京：机械工业出版社，2001.

[2] 刘龙海. 浅析BOG压缩机气阀故障[J]. 中国战略新兴产业，2018，03.

[3] 张可红, 苗灏. 浅谈压缩机气阀的国产化 [J]. 压缩机技术, 2006, 01.

[4] 潘彪. 浅谈压缩机气阀的国产化 [J]. 压缩机技术, 2009, 06.

[5] 杨林春, 梅伟伟. LNG 接收站关键设备低压泵的自主检修 [J]. 天然气技术与经济, 2018, 09.

[6] 孙冰, 葛伟, 丁生华. 进口压缩机气阀国产化及其应用 [J]. 石油化工设备, 2012, 03.

(作者：刘龙海，中石油江苏液化天然气有限公司，机械工程师)

浅谈加油站便利店营销策略的分析和探索

◆ 唐 颖

加油站便利店是从单一经营中发展起来的，起初主要是针对进站车辆客户进行需求性的商品供应，作为一种增值服务，满足油品客户的临时性需求，商品种类主要以润滑油、部分汽车用品为主。随着加油站的不断发展，便利店的经营范围不断增加，便利店销售伊然成为油站销售的主力支柱，其发展有不可预测的空间。特别是互联网营销的引入，网络多元化经营的融入，为油站便利店的发展带来了机遇。比如：微信公众号、支付宝生活号、微程序、APP(抖音、小红书)、直播带货等销售模式都被纳入加油站便利店营销策略的范畴中来，同时还有社区平台、私域流量运营等精细化互联网运作，为油站便利店发展助推了生机与活力。

1 加油站便利店发展概述

1.1 加油站便利店两个发展方向

当前，便利店主要是两个发展方向：传统的便利店和以加油站为中心而建立起来的便利店。在加油站里，便利店是油品业务的自然延伸，便利性、服务性是加油站购物的第一宗旨，一般采取自选购物和营销推介的方式进行。一般从便利店的发展历史而言，便利店是从传统超市中分化出来的，而其之所以能够分化出来，主要还是由于自身特有的便利性条件和场地不限的特征。

1.2 加油站便利店三个发展特点

从当前我国加油站便利店的发展现状来看，加油站便利店的运行与发展主要表现出以下三个方面的特点：一是场地面积小，便利店的发展规模不大，按照一个加油站一个便利店的基本原则，即使在一些城区主要路段的优秀示范便利店仍然面积较小。二是营业时间长，加油站便利店24h运营，员工服务质量无法保证。三是商品种类少，陈列简单，采取自选的经营模式，部分商品依附于油品业务展开。加油站便利店主要的运营宗旨是"针对顾客的某一类需求进行满足而获得利润"，因此加油站便利店内以应急性的商品为主，比如食品、饮料、润滑油、香烟等。

2 加油站便利店营销现状

2.1 互联网在加油站便利店的引入环节分析

参照互联网环境的具体特点以及未来可能的发展趋势，当下加油站便利店的运行特点主要体现在油品"微利化"趋势和汽车时代的来临，以车为媒，在加油站打造"人、车、生活"生态圈，满足广大消费者多样化的综合服务平台，为此公司制定了"统一标准、一地一策、一站一策"，有计划、有步骤地开展便利店业务，根据每个地方的经济条件、市场环境、客流量及消费习惯等因素，通过网络技术化的数据分析，因地制宜地引入便利店商品，因为目前便利店的利润已经远远高于油品的利润，一般的商品毛利都在30%以上，而在互联网的时代，各种电商纷纷崛起，网络营销不仅成本低，互动性强、时效强，还能精准锁住顾客，所以未来便利店还有很大的增长空间。

2.2 加油站便利店运营中存在的问题分析

从目前加油站便利店营销现状来看，其在商品类型开发、经营方式创新以及营销促销活动设计等方面存在明显的局限性。具体来说，体现在以下三个方面：

一是产品类型单一，缺乏创意性组合与搭配。从加油站便利店目前的促销政策来看，还是以少量商品降价促销、油非联合促销和积分兑换为主，货品比较单一、模式比较老化。加油站便利店应多使用组合性的促销政策，如组合大打包法，将不同的商品进行组合搭配后，在保证商品毛利的情况下，进行让利促销来吸引更多的顾客消费。

二是营销开展不到位，达不到预期促销效果。有些促销缺少事先整体策划和预估，活动开展得仓促，准备时间不足，出现促销商品顾客不满意或者畅销商品断货，加油站氛围宣传不到位等情况，使得促销活动方案不能有效执行，达不到预期效果。

三是员工服务意识需要提高，缺乏推销技巧。便利店促销的一个关键在于员工与顾客的沟通，这也要求员工必须掌握较强的促销技巧。当前加油站便利店都缺乏对员工专业化营销意识的培训，从而导致日常工作中员工难开口、不开口。因此更需要通过专业培训，帮助加油站便利店员工掌握促销技巧，提高他们与顾客沟通的能力，提高便利店的销售量。

四是加油站客户群体单一化导致便利店销售有很大的局限性。加油站便利店的销售客户主要依托油品销售客户，客户辐射区域主要集中在加油站区域5km范围。油品客户的流失与非油客户的流失成正比，加油站缺少独立支撑的便利店销售客户群体。加油站的促销政策实施时，可选择的群体范围较窄，不能把好的商品政策及时向众多客户反馈。

3 加油站便利店运营策略优化

3.1 精准营销，占领市场

互联网环境的成熟为加油站便利店精准营销提供了巨大的便利条件。加油站便利店拥有人流优势和网络布局的优势，若是同时增设社区团购线上商城、直播带货等，可有效增加油、非各类活动信息的传播力度，准确获得顾客对加油站便利店运行的实际指导意见，帮助加油站找准自己的定位，打开市场销售的困境，从而达到精准营销的目的。举例说明：开展社区团购线上商城。线上商城相当于移动的站外店，可以站点周边3～5km社区、企业家属院以及高档社区物业中心等开展推广，线上自选，无接触配送。而且线上商城通过团购、朋友圈、微信群、公众号等即可推广，获客区域更加广泛。传统便利店融合线上商城推广，未来便利店会有一个质的提升。

3.2 关注进销存优化商品库存

对便利店商品库存管理进行"瘦身"，主要围绕进、销、存开展。进货是库存"瘦身"的源头：充分了解自家产品，带领员工学习新品知识，准确定位，才能制定合理的销售计划和囤货计划，最大程度提高销量、降低库存的同时又能满足销售需求。销售是库存"瘦身"的重点：关注店内90d不动销商品，从陈列位置、营销政策、员工推介、激励方式等方面查找滞销原因，同时合理开展促销活动（积分兑换区域），让商品动起来；对于临期商品，每天检查保质期并记录在册，保质期剩余1/3前，将商品陈列至收银台黄金区域进行重点推荐；对于季节性商品，抓住时机，调整陈列位置，在室内端头进行集中陈列，全员销售，务必在销售时节内处理完毕；对于库存大商品，可以开展线上、线下团购业务，通过朋友圈、客户群等方式，形成惜售、抢购的局面，薄利多销消化库存的同时提高销售。存货是库存"瘦身"的保障：便利店仓库合理地划分区域，严格按照区域来摆放商品，避免商品出现未上架的情况；要安排专人对商品库存进行检查，包括日期、包装，统计退货及原因，分析商品的短缺和堆积数量，找出每日库存中的问题。只有做好检查工作，才能及时更新库存，合理安排进货时间，防止效益损失，从而提高便利店销售。

3.3 做好服务基本功，提高客户满意度

销售企业意味着客户至上，即注重服务意识的树立和践行。树立服务意识，除去日常运营中的促销和导购技巧之外，更为关键的是强化服务技能及全员素质，分站级开展服务挑战赛。除常规服务内容外，更加侧重员工开口营销能力培训，注重团队配合与现场服务气氛营造，通过以老带新实战培训，进一步强化开口、微笑、跑动、推销的服务意识和能力，营造温馨、活泼的现场销售氛围，提升员工现场服务水平。同时，积极从客户自身需求出发，打造有生命力的陈列，让商品"说话"，考虑顾客黄金视线位置和拿取的便利性，将促销商品的堆头陈列在靠近门口的位置；特价产品放在最显眼的位置，做到快进快出；同时要从听觉、视觉、味觉等方面营造便利店销售氛围，比如语音播报、视频投放、商品试吃等方式引导进店顾客购买，从顾客有计划消费变成冲动型消费。提供增值服务，比如提供热水、休息区、简易擦车等，给予顾客"五星级"服务体验。

3.4 开启"跑店"业务，增设昆悦超市

全员开展跑店业务，增设昆悦超市，扩大非油业务合作渠道。将昆仑好客自有品牌商和特色商品上架到各个销售场所。广泛深入社区，融入商圈，对周边商场、连锁超市、社会加油站进行地毯式摸排与走访，探索合作商机，通过网络搭建、异业合作、效益分成等方式在各大社区开设"昆悦超市"直营连锁店或加盟连锁店。"以中石油自带流量、合作共赢"的发展理念，通过多方推广，提升品牌的知名度，挖掘更多的消费资源。同时鼓励员工利用自家闲置的房屋开设"昆悦超市"员工直营店，转岗成为直营店长，进行二次创业，节省加油站人工成本，进一步推进非

油业务发展。

3.5 以网络平台为载体提高品牌形象

借助移动手机端加油站便利店可以积极进行自我营销和推广。遵循"3C"原则，即内容、传播渠道、互动性，可以让消费者更好地了解品牌和产品。将促销活动信息制作成专业广告，通过APP、微信公众号、视频号等线上平台进行宣传推广，或通过当地知名的电台如交通之声、车友会等进行播放。同时加强员工的培训，进一步增加员工对产品的熟知度和主动服务意识，形成良好的线上线下互动，这样在借助互联网营销的同时，也更好地宣传了中国石油和昆仑好客品牌形象。

4 结语

未来加油站便利店营销工作主要围绕确定促销目标、制定促销计划、分析促销计划、明确促销主题、准备促销商品、选择促销方式、营造促销氛围、组织人员培训、安排具体任务、促销费用预算、促销活动实施、促销效果评估等环节和程序来完成。同时，该项工作的优化和提升还应该从加强员工服务意识，增加网络平台的稳定，将传统便利店和线上推广相融合，提高公司整体性宣传与加油站营销能力，以及精准定位、开拓市场等几个方面来逐步推进。

（作者：唐颖，山东销售烟台分公司，加油站操作员，高级技师）

脱水橇闪蒸气利用与效果分析

◆ 陈晓辉 杨新宇 陆 川 雷景皓

1 脱水橇功能简介

靖边气田普遍采用脱水橇脱除天然气中的饱和水,脱水剂为三甘醇溶液。整个装置橇装化,集天然气脱水,气动化控制,三甘醇溶液再生、闪蒸、过滤、自动循环等多种功能为一体。脱水橇具有以下特点:

(1) 装置橇装化,整体布局紧凑,占地面积小,施工周期短。

(2) 采用气动仪表就地控制,主要数据远传显示,自动化程度高。

(3) 燃烧器配备火焰探测器、温控器、MOTOR阀等控制器组成控制回路,实现温度自控及熄火保护功能,安全程度高。

(4) 溶剂循环泵为容积吸收式柱塞泵,不需外界能量。

2 闪蒸气再利用可行性分析

2.1 闪蒸气再利用流程

长庆油田第一采气厂作业三区集气站在役脱水橇有8座,中X1站安装的普帕克$80\times10^4m^3/d$脱水橇本身具有闪蒸气去重沸器燃烧器的流程,可作为重沸器燃料气进行利用,其余7座脱水橇需要进行优化改造后实现闪蒸气再利用。

以中X1站脱水橇为例,闪蒸气利用具体流程(图1)为:

(1) 由燃料气分配罐通过Fisher 627减压阀4给闪蒸罐建压至$0.28\sim0.62$MPa;

(2) 由Fisher 630R减压阀1控制闪蒸罐压力在0.40MPa左右,超出设定压力则闪蒸气进行放空排放;

(3) Fisher 630R减压阀2的控制压力低于Fisher 630R减压阀1的控制压力,将闪蒸气引至重沸器燃料气Fisher 627减压阀5的下游再利用;

(4) 当闪蒸气量大于重沸器燃料气量时,多余的闪蒸气通过Fisher 630R减压阀3进行泄放,当闪蒸气量不足以供给燃料气时,由燃料气分配罐向重沸器补充燃料气。

2.2 闪蒸气量核算

目前,三甘醇循环泵主要有45015PV、

21015PV及9015PV三种型号，不同循环量下的闪蒸气量核算结果见表1。

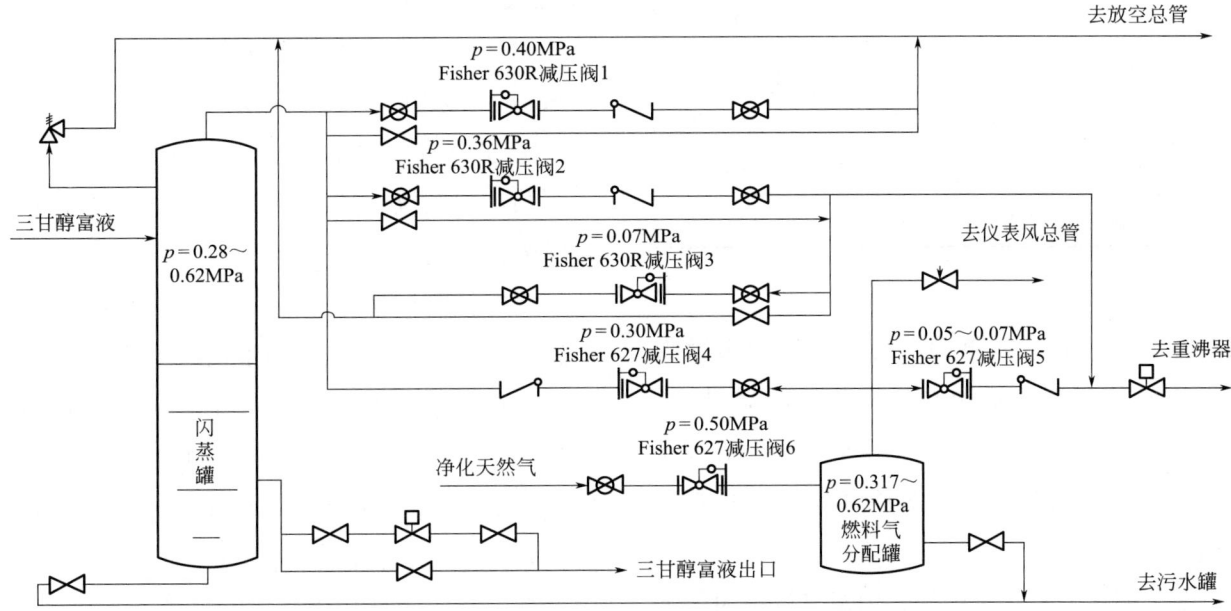

图1 普帕克80×10⁴m³/d脱水橇闪蒸气利用流程示意图

表1 脱水橇闪蒸气量计算表（压力按5MPa计算）

三甘醇泵型号	最大泵次次/min	循环量gal/h	闪蒸气量m³/h
45015	28	450	27.6
	12	190	11.8
	10	165	10.1
21015	32	210	12.8
	12	80	4.9
	10	65	4.0
9015	40	85	5.2
	12	30	1.8
	10	20	1.2

注：1gal=4.546L。

生产运行中，脱水橇循环泵的泵次维持在10~12次/min，由闪蒸气量核算可知，45015PV循环泵的闪蒸气量为10~12m³/h，21015PV循环泵的闪蒸气量为4~5m³/h，9015PV循环泵的闪蒸气量为1~2m³/h。按照燃烧器功率核算，50×10⁴m³/d脱水橇重沸器的用气量约为10m³/h，100×10⁴m³/d脱水橇重沸器用气量约为15m³/h，由此可知将闪蒸气作为重沸器燃料气具有较大的利用价值。

2.3 闪蒸气气质分析

根据《气田集输设计规范》，天然气燃料系统应符合：燃料气中硫化氢含量不高于350mg/m³；对存在凝液的燃料气，应设置气液分离器。通过对中X1等4座集气站的闪蒸气进行化验分析（表2），闪蒸气中的硫化氢含量均能满足作为燃料气的要求。

表2 脱水橇闪蒸气气质统计

集气站	类型	CH_4 %	总烃 %	CO_2 %	H_2S mg/m³
中X1	闪蒸气	92.074	94.011	4.641	148.220
	外输气	94.391	95.831	3.972	88.031
中X2	闪蒸气	93.629	94.058	5.454	70.370
	外输气	94.881	95.954	3.747	53.960

续表

集气站	类型	CH_4 %	总烃 %	CO_2 %	H_2S mg/m^3
中X3	闪蒸气	93.451	94.146	4.886	62.810
	外输气	94.390	95.916	3.970	42.540
中X4	闪蒸气	93.008	94.447	5.241	68.500
	外输气	94.331	95.602	4.302	55.300

鉴于目前脱水橇重沸器的燃料气均由吸收塔出口管路经减压后引至燃料气分配罐供给，燃料气其实也就是外输气。由表2中数据可以看出，各站外输气的气质与闪蒸气的气质基本一致。

综上所述，从工艺流程、闪蒸气量及闪蒸气硫化氢含量三个方面分析，脱水橇闪蒸气再利用是可行的。

3 现场试验情况

作业三区先后在中X1站普帕克$80×10^4m^3/d$、中X3站普帕克$40×10^4m^3/d$、中X4站马龙尼$50×10^4m^3/d$三台脱水橇开展了现场闪蒸气利用试验。

3.1 中X1站

中X1站脱水橇设计时就考虑闪蒸气利用，具有完整的闪蒸气利用流程，只需按照各调压器设置压力范围设置即可实现闪蒸气的利用。以燃料分配罐建压为0.50MPa，闪蒸罐压力控制在0.40MPa为例，闪蒸气利用具体设置流程为：

（1）先设置Fisher 627减压阀6控制燃料分配罐压力稳定在0.50MPa。

（2）设置重沸器燃气保护，先将Fisher 627减压阀5设置输出压力为0.07MPa，然后设置Fisher 630R减压阀3控制压力在0.07MPa后，关闭Fisher 630R减压阀3前球阀。

（3）再次设置重沸器燃气压力，重新调整Fisher 627减压阀5下游压力至0.05MPa（重沸器燃气压力50～70kPa之间）。

（4）闪蒸罐建压：通过Fisher 627减压阀4建压至0.30MPa。

（5）控制闪蒸罐压力，通过Fisher 630R减压阀1控制闪蒸罐压力在0.40MPa左右。

（6）闪蒸气利用设置：先关闭Fisher 630R减压阀1前球阀，通过Fisher 630R减压阀2控制闪蒸罐压力在0.30～0.40MPa之间（现场设置在0.36MPa），此时若重沸器未达到设置温度，闪蒸气若量大将持续供给主、母火作为燃料气，Fisher 627减压阀5停止供气；若闪蒸气量不足，Fisher 627减压阀5恢复持续供气。

（7）运行调整：打开Fisher 630R减压阀1及Fisher 630R减压阀3前球阀，观察闪蒸罐运行情况。

3.2 中X2站

此次试验考虑站内放空对脱水橇的影响，将闪蒸气泄放管路做了微小变动，增加控制球阀1、球阀2，将闪蒸气直接引至重沸器主火MOTOR阀下游。闪蒸气利用时，关闭球阀1，全开球阀2，这样闪蒸气就完全进入重沸器作为主火燃料被完全利用，如图2所示。

3.3 中X3站

中X3站脱水橇可通过闪蒸罐建压流程利用闪蒸气，如图3所示，利用原有闪蒸罐压力控制流程，打开闪蒸罐建压球阀1，将闪蒸气导入燃料气分配罐出口去重沸器燃料气管线利用，将原来Fisher 627减压阀2控制压力由0.50MPa降至0.30MPa，其余各调压阀设置压力不变。当重沸器需要燃气时，闪蒸气通过球阀1经 Fisher 627 减压阀3持续供给；当重沸器不需要更多燃气时，多余的闪蒸气通过 Fisher 630R 减压阀1泄放至放空总管；当闪蒸气量低（闪蒸罐压力低于0.30MPa）时，Fisher 627 减压阀2持续给闪蒸罐补压，同时维持重沸器燃气需要。

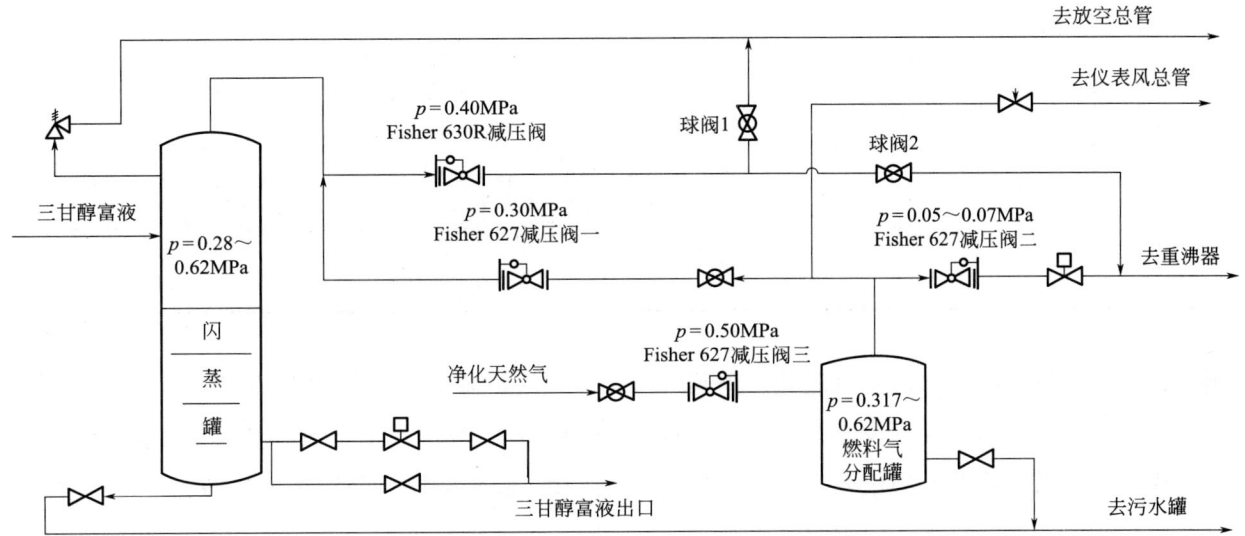

图2 中X2站脱水橇闪蒸气利用工艺流程

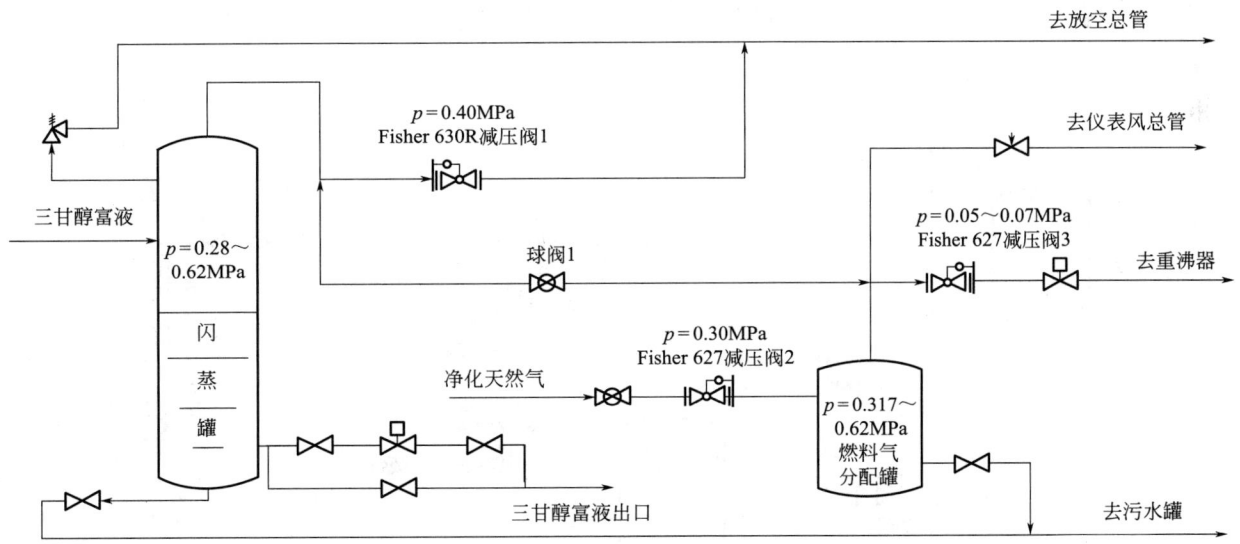

图3 中X3站脱水橇闪蒸气利用工艺流程

3.4 闪蒸气流程优化

通过对比，3座脱水橇现场试验均存在不足之处，对比见表3。

表3 脱水橇闪蒸气利用流程对比

集气站	优点	缺点
中X1	(1) 利用现有流程，不需要改造； (2) 闪蒸气大部分被利用，节能降耗	(1) 设置程序复杂，难以调控； (2) 某一个调压阀故障，排查困难； (3) 放空压力超过闪蒸罐设置压力0.4MPa时，闪蒸气无法泄放； (4) 闪蒸气中的酸性气体在水蒸气的作用下会加速火管、烟囱内壁的腐蚀
中X2	(1) 利用现有流程，不需要改造； (2) 闪蒸气的泄放不受站内系统放空的影响； (3) 仪表供风系统不受闪蒸气的影响； (4) 闪蒸气完全利用，节能降耗	(1) 闪蒸气中的酸性气体在水蒸气的作用下会加速火管、烟囱内壁的腐蚀； (2) 闪蒸气量较大时，重沸器存在超温风险，极易导致三甘醇热裂解
中X3	闪蒸气大部分被利用，节能降耗	(1) 闪蒸气中的酸性气体在水蒸气的作用下会加速火管、烟囱内壁的腐蚀； (2) 水蒸气和烃类气体凝析出来，会导致脱水橇仪表供风管路堵塞； (3) 闪蒸气中的酸性气体会对控制器及控制阀的膜片产生影响，致使膜片寿命缩短； (4) 放空压力超过闪蒸罐设置压力0.4MPa时，闪蒸气无法泄放

结合目前现场各种脱水橇现有流程，闪蒸气的利用仅需对闪蒸罐压力控制及燃料气流程进行改造即可实现，首先将脱水橇仪表供风总管从脱水橇燃料分配罐后截断，引入压缩空气供脱水橇仪表供风使用，这样就消除了仪表供风系统天然气的就地排放；将闪蒸罐建压管路 Fisher 627 减压阀拆除，更换为球阀3控制，建压管线由 Fisher 627 减压阀1下游与燃料分配罐前的位置连接；脱水橇燃料分配罐出口增加管路与站内自用气过滤罐前连接，并增加控制球阀4，闪蒸气即可供站内脱水橇、加热炉、发电机及生活自用气使用。改造流程如图4所示。

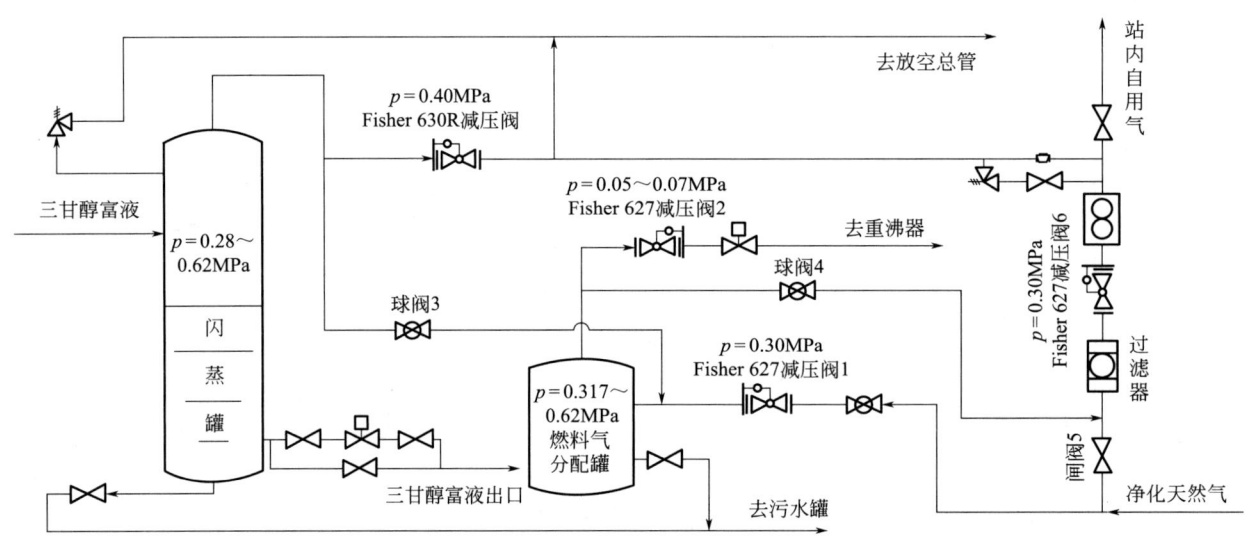

图4 脱水橇闪蒸气利用工艺优化

闪蒸气利用时各减压阀设置压力按照图4所示压力调试设置，依次打开球阀3、球阀4，关闭闸阀5，闪蒸气由脱水橇燃料分配罐进口引入，分配罐作为分离设备将闪蒸气内携带的水蒸气、烃类气体及少量的三甘醇液体大部分分离后，进入脱水橇燃料气系统作为燃料使用；脱水橇使用不完的过量闪蒸气可以通过燃料分配罐进口进入，通过自用气过滤罐的进一步过滤分离后供站内加热炉、发电机及生活用气燃料气使用。当闪蒸气量不足，闪蒸罐压力低于 0.30MPa 时，Fisher 627 减压阀 1 持续给下游供气，以稳定闪蒸罐压力及所需燃料用气。

4 效果分析

4.1 经济效益估算

三甘醇富液呈泡沫状，闪蒸气就是三甘醇富液中携带的天然气和溶解的部分烃类气体，富液中气体含量与吸收塔的压力成正比，与闪蒸罐的压力成反比。理论上闪蒸罐的温度越高、压力越低闪蒸效果就越好。闪蒸气量与泵次、循环量之间的关系，如图5、图6所示。

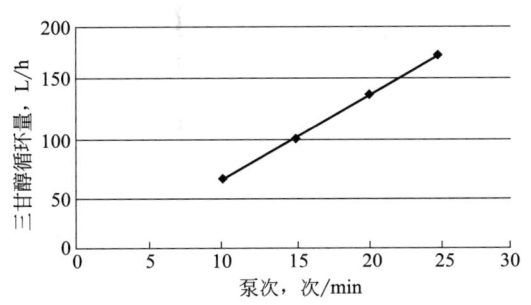

图 5 泵次与循环量的关系

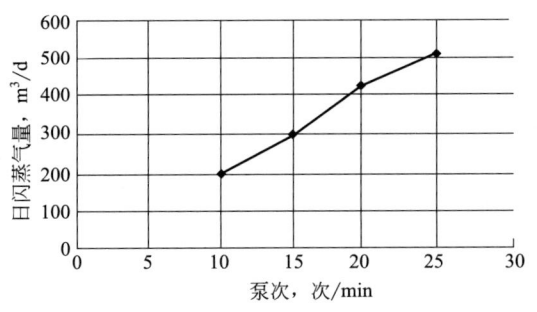

图 6 泵次与闪蒸气量的关系

根据图 6 三甘醇泵次与闪蒸气量之间关系，可以估算每台脱水橇每天的闪蒸气量，按照三甘醇泵次 15 次计算，闪蒸气在 300m³/d。粗略计算，作业三区共计 8 台脱水橇闪蒸气利用流程改造完成后，除去每年设备检修技改预计停运 30d，每台全年脱水橇运行时间按 330d 计算，8 台脱水橇每年可减少 79.20×10^4m³ 天然气排放。闪蒸气全部作为站内燃料气利用，每年可节约自用燃气消耗 79.20×10^4m³，按照天然气外供价 1.20 元/m³，每年可节约燃气成本 95.04 万元。

4.2 节能减排

随着安全环保对天然气生产企业的管控力度加大，响应国家节能减排号召，闪蒸气利用后，减少了天然气对大气的排放，降低了对环境的污染，同时降低了集气站自用燃气的消耗，节约了能源，降低了操作成本。

4.3 消除安全隐患

闪蒸气完全被利用后，闪蒸气不再泄放至放空总管，站内泄压放空时闪蒸罐运行不再受放空背压的影响，消除了闪蒸罐超压运行的安全风险，确保了脱水橇的平稳运行。

5 结论及建议

5.1 结论

（1）闪蒸气在脱水橇平稳运行情况下，闪蒸气量连续、稳定；

（2）闪蒸气有足够的气量维持燃料气的供给，当闪蒸气作为燃料富余时可通过 Fisher 630R 减压阀泄放至站内放空总管；

（3）针对靖边投运的各种型号的脱水橇均适用，且工艺流程改造简单易行，员工操作方便；

（4）可以有效实现集气站节能减排，减少环境污染，降低燃气消耗，节约能源提高经济效益；

（5）闪蒸气通过燃料分配罐、自用气过滤罐的进一步分离后，可有效降低闪蒸气中水蒸气等液滴的含量，减轻因酸气增加对火管、烟囱内壁的腐蚀及设备的影响。

5.2 建议

（1）闪蒸气完全被利用后，放空火炬气源将会断流，导致火炬"长明火"熄灭，影响站内泄放天然气的燃烧排放，急需给集气站增加自动点火系统。

（2）因闪蒸气中的水蒸气、三甘醇及烃类液体不能完全脱除，少量携带后对燃烧器火管、发电机等设备的运行会产生一定的影响，需巡站人员定期对脱水橇燃料分配罐及自用气过滤罐进行手动排液。建议对闪蒸气利用的脱水橇燃料分配罐进行改造，增加液位自动控制装置，实现自动排液。

（作者：陈晓辉，长庆油田第一采气厂，采气工，高级技师；杨新宇，长庆油田第一采气厂，采气工，高级技师；陆川，长庆油田第一采气厂，采气工，高级技师；雷景皓，长庆油田第一采气厂，采气工，技师）

浅谈山区管道全自动焊接工艺研究

◆ 张 亮 吴 迪 李 亮 谭永亮 张晶晶

中国政府在第75届联合国大会上提出"双碳"目标,争取在2030年将二氧化碳的排放量控制在峰值,力争在2060年前实现"碳中和"。对比国家目前所拥有的化石能源和所具备的降碳技术,研究发现天然气是碳排放值最低的化石能源之一,仅为煤炭的45%。但目前国内的天然气储量不足以支撑"碳达峰"所需的气量,为此由中俄两国联合推动了中俄东线天然气管道工程。该工程是继中亚管道、中缅管道之后,向中国供气的第三条跨国境天然气长输管道,同时也是国内首次采用最大口径、最高钢级、最大压力等级的天然气管道。中俄东线天然气管道建成后,我国的天然气储气量会得到明显提升,能够进一步实现"双碳"目标。

1 研究意义

2016年在中俄东线天然气管道工程中,全自动焊接技术首次在管道施工中得到应用,其施工效率快、施工成本低的优势随着工程的不断建设逐渐凸显出来,随即在大口径管道线路施工中得到迅速推广。但目前所采用的全自动焊接工艺仍局限于平原段或坡度小于11°的地段,对于丘陵、山区、陡坡等特殊地段焊接仍采用手工焊、半自动焊焊接工艺。山区地段纵向坡度大,熔池在焊接过程中受重力影响易偏向低侧坡口,对焊接造成较大的难度。焊接过程中若电弧摆动不到位,高侧产生咬边、低侧产生夹渣和未熔合等焊接缺陷,受焊工技能水平和体力影响较大,导致其具有焊接质量不易控制、施工效率低、劳动强度大等劣势,与自动焊熔池易控制、焊接参数可实时采集与传输、焊接质量高、人工成本低和劳动强度小等优势形成鲜明的对比。因此,非常有必要将全自动焊接工艺应用在山段大口径管道施工中,进一步填补公司在全自动焊接领域的施工空白。

2 焊接设备及工艺优化

由于山区地段具有坡度变化频繁的特点,全自动焊接工艺及设备受地形的限制而无法应用,通过优化焊接设备、研发焊接工艺等方式,将全自动焊接工艺成功应用于山区管线的施工中，同时还解决了山区地势陡峭导致施工空间受限，布管、运管功效缓慢，施工设备运行受阻等一系列施工问题。

2.1 设备优化

（1）内焊机优化。通过优化内焊设备，提升内焊机的爬坡能力和制动能力，将全自动内焊机的爬坡能力由11°提升至12°～25°。将内焊机的连接部位由刚性连接改进为柔性连接，使通过曲率半径提升至40D，提升了弯管的通过曲率半径，通过的冷煨弯管由3°～5°提升至8°～10°，减少削坡降方的工作量，同时由于可以通过的弯管度数增加，可实现沟下自动焊的连续施工，减少了连头的数量，降低了施工成本，增加了自动焊在山区地段应用的连续性。

（2）辅助施工设备优化。对于所采用的山区布管机，通过增加其自身重量、履带宽度以及对辅助履带助推装置，增强山区布管机在12°～25°坡度的施工性能的稳定性，降低了山区地形对运管、布管、对口等施工工序带来的施工难度；配备的移动电站经过优化改进后，爬坡能力不小于25°，当附加牵引时，爬坡能力不小于35°。带有不同挡位的发电功率、频率稳压装置，能够更加稳定输送焊接时所需的电流、电压。同时移动电站的折叠吊臂能够达到360°全回转，适应山段施工时带来的不便，减少土方开挖的工作量以及降低对施工作业面宽度的要求。

2.2 焊接工艺优化

依据平原段的全自动焊接工艺及已优化的焊接设备、辅助施工设备，进行焊接工艺的优化措施，实现了坡口形式、焊道层数和道数、焊接参数的可调试性，通过焊接位置和焊接角度的转换，探索出适用于山段施工的主线路全自动焊接工艺，从根本上解决坡度因素导致熔池在焊接过程中下坠的问题，能够在坡度焊接条件下有效控制焊接熔池，解决了熔池在6G位不受控制导致焊缝上侧易产生咬边，下侧易产生夹渣和未熔合等技术难题，确保熔池能够与坡口两侧的熔合，提高了焊接合格率，保证了焊口质量，实现了山区地段能够采用全自动焊接工艺施工的作业方式。当坡度大于25°时，采用氩弧打底＋单焊炬向上填盖的焊接工艺。

3 焊接工艺

山段焊接所采用的坡口形式、保护气体、焊接材料均未发生改变，不同之处主要体现在焊接参数的调试。在保证焊口合格的前提下，只需保证每层的焊接厚度即可，而山段全自动焊接工艺参数的调整需要根据坡度以及焊接角度的变化而变化，不宜选择较大的焊接参数，防止熔池冷却过慢，导致在焊接的过程中高侧易咬边、低侧易产生夹角的焊接缺陷，所以其焊接参数的规范范围明显要略微大一些。本文所列举的焊接工艺以21.4mm壁厚、内焊机打底＋双焊炬向下填盖的焊接工艺为例。

3.1 坡口形式

坡口形式：双V形复合型，见图1；坡口面角度：$\beta=4.5°\pm1.5°$，$\alpha=45°\pm1.5°$，$\gamma=37.5°\pm1.5°$；

钝边（P）：1.2mm±0.5mm；

钝边至变坡口拐点高度（H）：2.1mm±0.5mm；

内坡口高度（h）：1.5mm±0.5mm；

对口间隙（b）：0～0.5mm；

错边：≤2.0mm；

余高：宜为0～2.0mm，局部不大于3.0mm的长度≤50mm；

盖面焊缝宽：坡口上口每侧增宽 0.5～2.0mm；

焊接层数：根焊 1 层、热焊 1 层、双枪填充焊 2 层、单枪填充 5 层、盖面焊 1 层。

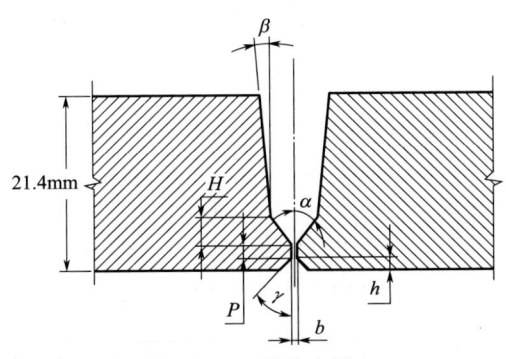

图 1 双 V 形复合坡口

3.2 根焊焊接

根焊采用具备 12°～25°爬坡能力的内焊机施焊，由于根焊焊接参数无法调整左右停留时间，为防止根焊熔池下坠，在保证根焊焊透的前提下，采用较小的焊接工艺参数。根焊焊工再确认各项组对指标及预热温度符合焊接工艺规程的要求后实施焊接。由于山段施工时，根部焊道承受敷设应力比正常情况高，且有可能发生裂纹，因此应在热焊焊接完成前保持内焊机处于胀紧状态。

3.3 外焊焊接

外焊焊接参数根据不同的角度范围，通过调整相对应的上下两侧的停留时间、送丝速度、行走速度。随着角度增大，高侧边缘停留时间增长、低侧停留时间缩短，以保证熔池在焊接过程中处于水平状态。送丝速度和行走速度也会相应地调小，防止在焊接过程中焊接参数过大，熔池热量过高冷却慢，出现熔池不受控的现象。同时由于作业空间的限制、山地坡度频繁变化，导致焊接方向不固定、坡度变化不固定，因此在每个中控箱内存储多种角度范围的焊接参数，以应用到不同的角度和不同的焊接方向。

焊接参数的调试主要分为 12°～19°和 20°～25°两个坡度，主要区别在于两侧边缘停留时间的不同，当坡度越大时，坡口较高一侧的边缘停留越长；坡度越小时，两侧边缘停留时间越接近。

坡度为 12°～19°所调试的具体焊接参数见表 1。

坡度为 20°～25°所调试的具体焊接参数见表 2。

表 1 坡度 12°～19°所调试的焊接参数

焊道	焊接方法	焊接方向	极性	电流 A	电压 V	摆动宽度 mm	边缘停留（低侧）s	边缘停留（高侧）s	送丝速度 m/min	焊接速度 mm/min
热焊（单焊炬）	GMAW	下向	DCEP	140～285	18～25	1～3	0.01～0.03	0.04～0.06	10～10.5	490～550
填充（双焊炬）	GMAW	下向	DCEP	120～260	18～26	1.5～4	0.02～0.04	0.05～0.07	8.0～10.3	330～470
填充（单焊炬）	GMAW	下向	DCEP	130～260	18～26	3～6	0.03～0.06	0.05～0.10	7.5～8.5	310～510
盖面（双焊炬）	GMAW	下向	DCEP	90～185	18～26	3～6	0.01～0.04	0.01～0.08	5.0～6.5	330～650

表2　20°～25°所调试的焊接参数

焊道	焊接方法	焊接方向	极性	电流 A	电压 V	摆动宽度 mm	边缘停留（低侧）s	边缘停留（高侧）s	送丝速度 m/min	焊接速度 mm/min
热焊（单焊炬）	GMAW	下向	DCEP	135～270	18～24	1～3	0.01～0.03	0.05～0.07	9.8～10.3	490～550
填充（双焊炬）	GMAW	下向	DCEP	115～245	18～25	1.5～4	0.02～0.04	0.06～0.09	8.0～10.1	330～470
填充（单焊炬）	GMAW	下向	DCEP	110～235	18～25	3～5.8	0.03～0.06	0.06～0.12	7.5～8.3	310～510
盖面（双焊炬）	GMAW	下向	DCEP	90～170	18～25	3～6	0.01～0.04	0.01～0.10	4.9～6.3	330～650

4　焊接力学性能评定

连续焊接的3道焊口经射线和AUT检测合格后，任意挑选2道焊口分别进行了室温拉伸试验、弯曲试验、刻槽锤断试验、金相检验、硬度试验、-20℃夏比冲击试验、CTOD实验，检测结果均符合焊接接头及焊缝的性能指标设计要求，经过优化、改进的焊接工艺能够确保在山区的焊接质量。

4.1　拉伸试验

评判拉伸试验的依据为：焊缝拉伸试样的抗拉强度必须大于或等于母材规定的最小抗拉强度（$R_m \geq 625\text{MPa}$），但允许小于或等于管材的实际抗拉强度。拉伸试验结果见表3，拉伸试验断后试样见图2。

表3　拉伸试验结果

试样编号	试验温度 ℃	取样位置	试样规格 mm×mm	抗拉强度 MPa	断裂位置
T1	26	1:00-2:00	19×21.4	692	母材
T2	26	4:00-5:00	19×21.4	685	母材
T3	26	7:00-8:00	19×21.4	687	母材
T4	26	10:00-11:00	19×21.4	695	母材

试验标准：GB/T 228.1—2021《金属材料　拉伸试验　第1部分：室温试验方法》

图2　拉伸试验断后试样

4.2　弯曲试验

评判弯曲试验的依据为：在焊缝和热影响区的弯曲实验表面上，所发现的任何方向上的任一裂纹或其他焊接缺陷尺寸不应大于管材公称壁厚的1/2，且不大于3mm，由试样边缘产生的裂纹长度在任何方向不应大于6mm。弯曲试验结果见表4，弯曲试验后试样照片见图3。

表4　弯曲试验结果

试样编号	弯曲类型	取样位置	试验结果
S1	侧弯	1:00-2:00	未见缺欠
S2	侧弯	1:00-2:00	未见缺欠
S3	侧弯	3:00-4:00	焊缝0.25mm裂纹一处
S4	侧弯	4:00-5:00	未见缺欠
S5	侧弯	7:00-8:00	未见缺欠
S6	侧弯	7:00-8:00	未见缺欠
S7	侧弯	10:00-11:00	未见缺欠
S8	侧弯	10:00-11:00	未见缺欠

续表

试样编号	弯曲类型	取样位置	试验结果
R1	背弯	2:00-3:00	未见缺欠
R2	背弯	4:00-5:00	未见缺欠
R3	背弯	7:00-8:00	焊缝0.80mm裂纹一处
R4	背弯	10:00-11:00	未见缺欠

试验标准：GB/T 2653—2008《焊接接头弯曲试验方法》；弯辊直接：90mm；弯曲角度：180°。

续表

试样编号	试验类型	取样位置	试验结果
N2	刻槽锤断	4:00-5:00	未见缺欠
N3	刻槽锤断	7:00-8:00	未见缺欠
N4	刻槽锤断	10:00-11:00	未见缺欠

试验标准：GB/T 31032—2014《钢质管道焊接及验收》。

图3 弯曲试验后试样

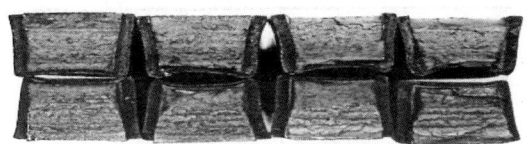

图4 刻槽锤断试验后试样

4.3 刻槽锤断试验

评判刻槽锤断试验的依据为：每个刻槽锤断试样的断裂面必须完全焊透、熔合；若有气孔，尺寸不应大于1.6mm，所有气孔的累计面积不大于断裂面积的2%；夹渣缺陷高度不超过0.8mm，长度不超过管材公称壁厚的1/2，且小于3mm，相邻夹渣之间至少应有13mm无缺陷的焊缝金属。刻槽锤断试验结果见表5，刻槽锤断试验后试样照片见图4。

表5 刻槽锤断试验结果

试样编号	试验类型	取样位置	试验结果
N1	刻槽锤断	2:00-3:00	未见缺欠

4.4 金相检验

金相试验评判依据为：试样的焊缝截面不得有裂纹和未熔合等焊接缺陷，需满足"刻槽锤断试验"的要求，实际焊接层数和道数必须遵循焊接工艺规程。金相试验结果如表6所示。

表6 金相检验试验结果

试样编号	取样位置	结果	层数及道数
M1	平焊位	未见缺欠	10层11道
M2	立焊位	未见缺欠	10层11道
M3	仰焊位	未见缺欠	10层11道

试验标准：GB/T 226—2015《钢的低倍组织及缺陷酸蚀检验法》。

4.5 硬度试验

硬度试验评判依据为：硬度值≤300。硬度试验结果见表7。

表7 硬度试验结果

试样编号	硬度值（HV10）															
	1	2	3	4	5	6	7	8	9	10	11	12	13	14	15	16
H1（M2）	236	242	210	236	244	228	222	234	241	222	219	225	237	219	225	232

试验温度：25℃；试验标准：GB/T 4340.1—2009《金属材料 维氏硬度试验 第1部分：试验方法》。

4.6 夏比冲击试验

评判夏比冲击试验的依据为：吸收能量 KV_2（单值）≥ 38，吸收能量 KV_2（平均值）≥ 50。夏比冲击试验结果见表8，冲击试验断后试样照片见图5。

表8 夏比冲击试验结果

试样编号	试验温度 ℃	缺口位置	取样位置	冲击值 KV_2, J	均值 KV_2, J
C1-1	-10	焊缝中心	平焊位内表面	122.0	127.0
C1-2	-10			121.5	
C1-3	-10			137.5	
C2-1	-10	熔合线		252.0	236.0
C2-2	-10			216.5	
C2-3	-10			239.0	
C3-1	-10	焊缝中心	立焊位内表面	122.5	134.5
C3-2	-10			133.5	
C3-3	-10			147.0	
C4-1	-10	熔合线		286.5	243.5
C4-2	-10			253.5	
C4-3	-10			190.0	
C5-1	-10	焊缝中心	仰焊位内表面	134.5	135.0
C5-2	-10			138.5	
C5-3	-10			132.5	
C6-1	-10	熔合线		272.0	267.5
C6-2	-10			262.5	
C6-3	-10			267.5	

试验标准：GB/T 229—2020《金属材料 夏比摆锤 冲击试验方法》。

图5 夏比冲击试验断后试样

4.7 CTOD 实验

CTOD 试验评判依据为：《金属材料 准静态断裂韧度的统一试验方法》GB/T 21143—2014、BS EN ISO 15653—2018 标准。CTOD 试验结果见表9。

表9 CTOD 试验结果

焊接PQR	缺口位置	试样编号	厚度 mm	宽度 mm	跨距 mm	初始裂纹长度 mm
POR-XQD4T01-LH-2204-3	焊缝	W1	23.04	46.06	184	24.58
		W2	23.06	46.09		23.25
		W3	23.04	46.09		23.03
	热影响区	H1	23.06	46.09		23.85
		H2	23.07	46.07		23.75
		H3	23.04	46.08		24.87

缺口位置	试样编号	CTOD，mm	有效性判定
焊缝	W1	1.023	有效
	W2	1.086	有效
	W3	1.117	有效
热影响区	H1	1.034	有效
	H2	1.066	有效
	H3	1.025	有效

取样位置：焊缝和热影响区；试验温度：-5℃。

5 焊接质量控制措施

（1）管材椭圆度不均匀导致的组对错边，对管口椭圆度的长短轴进行测量形成记录，对于超标严重的及时调换。错边在要求范围内时，在焊接之前将错边较高的一侧进行打磨处理，同时提高热焊焊接参数以增加熔深，防止出现钝边或者根部未熔合焊接缺陷。

（2）新进场的混合气体需测量气体配比，确保混合气的比例符合焊接工艺规程。每焊接一道口之前要进行气体流量确认，瓶内的压力低于 0.98MPa 时及时更换，保证气体流量能够对熔池进行有效的保护，以防产生气孔等焊接缺陷。

（3）焊接时为避免出现未熔合焊接缺陷，在焊接时电弧停留在焊道边侧的焊缝夹角处，利用电弧弧柱的热量熔化上一层的焊道夹角，也能够有效保证每层的填充量。

（4）打磨接头要圆滑过渡，坡口两侧不能有夹沟，防止产生未熔合、夹渣焊接缺陷。

（5）在焊接过程中出现层（道）间缺陷时，应将缺陷完全去除，使用同种焊接工艺进行修补，并保证层（道）间温度符合焊接工艺规程要求。

（6）内焊出现气孔时，检查保护气阀门是否未打开或保护气流量不足、保护气流量是否过大，保护防护罩是否松动。

（7）当根焊焊缝过宽或过窄时，检查送丝机送丝是否正常，焊接电压是否在规定范围内，内焊机大盘旋在焊接过程中是否匀速转动。

（8）内焊道出现烧穿、塌陷等现象时，检查焊接电压是否过高、焊接电流是否过大、坡口钝边尺寸是否较小及组对有间隙。

6 结束语

大口径自动焊在山区地段施工具有工艺创新、节约成本、提升焊接合格率和施工效率的工艺特点，分别通过对全自动内焊机爬坡能力的优化，提高施工能力，确保山地施工中多弯管安装连续性和成功率，实现国产设备应用比例提高到 60% 以上。并针对 6G 位调试出全自动焊接参数，使焊缝全自动焊一次合格率≥96%，相较于手工焊、半自动焊，施工效率提高 2～3 倍。同时所采用的施工方法能够减少削坡开挖的土方量，从而能够降低施工成本。

参考文献

[1] 许强, 张亮, 吴迪. 中俄天然气东线工程全自动焊接工艺技术研究. 天然气技术与经济, 2017.

[2] 张亮, 许强. 中俄天然气管道工程全自动不等壁厚焊接工研究. 石油工程建设, 2019.

[3] 王震, 孔盈皓, 李伟. "碳中和"背景下中国天然气产业发展综述. 天然气工业, 2021.

（作者：张亮，辽河油田建设有限公司，焊工，高级技师；吴迪，辽河油田建设有限公司，高级工程师；李亮，辽河油田建设有限公司，中级政工师；谭永亮，辽河油田建设有限公司，高级工程师；张晶晶，辽河油田建设有限公司，焊工，高级工）

延长测井电缆安全使用周期的方法探讨

◆ 李向华　张　连　马振志　刘俊臣　马赛麟

测井电缆是连接井下与地面的生命之线，其性能的好坏直接关乎测井的成败与作业安危。在实际使用过程中，测井电缆由于受到高强度拉力、与井壁及套管壁的摩擦、钻井液及井内硫化氢等腐蚀性液体、气体的侵蚀、遇阻遇卡以及自然锈蚀等原因，电缆铠装层钢丝可能受到不同程度的损伤，进而造成电缆机械性能下降，对施工作业埋下重大隐患。因此，按照一定流程，系统全面地对测井电缆进行维护保养，规范其使用方法，对保障测井施工具有重要的意义。

1　测井电缆的结构

测井电缆一般由导电缆芯、缆芯绝缘层、半导电填充物、半导电屏蔽层及铠装钢丝组成，如图1所示。

（1）导电缆芯通常由7根铜导线按照1根在中心，另外6根右向环绕绞合而成，其作用是传递电源和各种控制、测量信号。

（2）缆芯绝缘层通常采用F40、F46、PFA等耐高温的化学合成材料，其性能的好坏决定了电缆的电气性能和耐温指标。

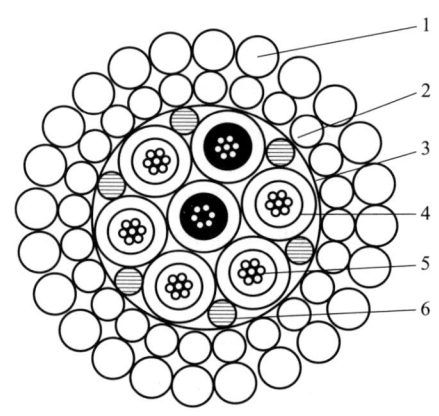

图1　测井电缆结构
1—外层铠装钢丝；2—内层铠装钢丝；3—半导电屏蔽层；
4—缆芯绝缘层；5—导电缆芯；6—半导电填充物

（3）半导电填充物和半导电屏蔽层是由具有半导电性能的材料组成，其作用是防止导电缆芯损伤、消除缆芯表面气隙，均匀电场，消除干扰。

（4）内外层铠装钢丝主要由两层绕包方向相反的镀锌高碳钢丝组成。通常情况下外层铠装钢丝绕包方向为左旋，内层铠装钢丝为右旋，其抗拉强度、耐腐蚀性以及钢丝的韧性、弹性直接决定了电缆机械性能的好坏。

2 造成测井电缆机械性能下降的因素

测井电缆工作环境极其恶劣，常见的导致测井电缆机械性能下降的因素有以下几种。

2.1 钻井液影响

为提高钻井液质量，里面多添加了碱类、有机酸、盐类等化学制剂，此类化学制剂极易造成电缆铠装钢丝发生点蚀或晶间腐蚀的现象，进而大大降低电缆的抗拉强度和柔韧性。

2.2 井内气体影响

在含硫化氢、一氧化碳或其他腐蚀性气体浓度较高的井中作业时，受温度及其他物质的影响，气体会非常容易地侵入铠装钢丝中，从而造成铠装钢丝脆化，延展性能降低。有实验表明，27%浓度的二氧化碳在室温环境下会在1h内毁掉一条电缆！

2.3 锈蚀

实践表明长时间不用的电缆，在内、外层铠装钢丝之间残留下的钻井液以及空气、温度、湿度的影响下，会导致铠装钢丝发生持续性的锈蚀，有时电缆存放几个月后将在滚筒同一个端面上出现极端的生锈集结现象。

2.4 磨损

电缆在井内运行时，会与井壁、套管壁产生直接摩擦。据统计，一盘电缆从启用到报废停用，会在井内连续运行900～1100km，长时间、长距离的摩擦会导致电缆外层铠装钢丝出现不同程度的磨损，当磨损到一定程度时，不但容易引发断丝、跳丝等情况，还会从整体上降低电缆的抗拉强度，造成弱点隐患。

2.5 打扭、打结、变形

当电缆下放速度不均匀或下速过快，出现"电缆推着仪器下井"的情况时，会使得电缆处在一个受"压缩"的条件下，此时电缆外层铠装钢丝会变得松散并出现较大缝隙，进而在铠装内形成"泥肿块"，阻碍内外层铠装钢丝间的"自由活动"，降低电缆的柔曲性，导致电缆产生变形或打扭、打结现象。

2.6 其他

钻具输送时，钻具与电缆发生碰撞；马丁代克、滑轮槽直径与电缆直径不匹配；电缆跳槽等情况下，极易造成电缆铠装钢丝变形或损伤。

以上任何情况的发生都将会对测井电缆造成不同程度的损伤，若未能及时发现，将会严重干扰测井作业的正常施工，甚至会引发工程复杂事故，如放射源落井等。

3 测井电缆的维保方法

一套科学、完整的电缆维保流程能最大程度提高电缆的使用安全系数和维保质量，同时还能延长电缆安全使用周期。

3.1 绕曲检测

受钻井液影响，电缆内外层铠装钢丝的柔韧性和延展性是随着时间的增长而慢慢降低的，因此定期对铠装钢丝进行绕曲检测是保证测井电缆安全的一个重要手段。通常可利用绕曲机，将所有内外层铠装钢丝，分别采用正转5圈、反转5圈的方式进行检测。

3.2 拉力检测

电缆的抗拉强度是保证测井安全施工的重要基础，当电缆铠装钢丝绕曲检测合格后，应立即进行拉力检测。当电缆实际拉断力低于额定拉断力的75%时，应截取电缆重新检测或停用此电缆。

电缆绕曲、拉力检测合格后，再进行后续维保作业。

3.3 清洗

电缆内外层铠装钢丝之间残留的岩屑、钻井液残渣等会严重阻碍钢丝之间的自由活动，且不同程度上增加了电缆直径的变化。为了后续对电缆直径进行更精确地测量，可首先对电缆外观及内外层铠装钢丝之间的残渣进行清洗。

通常采用的方法是：在电缆运行方向上设置多个导轮组（图2），可从不同方向上将电缆外层铠装钢丝打散，然后再通过水力喷头将内外层铠装钢丝之间的残渣冲出，最后在出口方向通过高压气体将残留在电缆表面、钢丝间的水分吹干，并通过整形轮将松散的钢丝恢复原状。

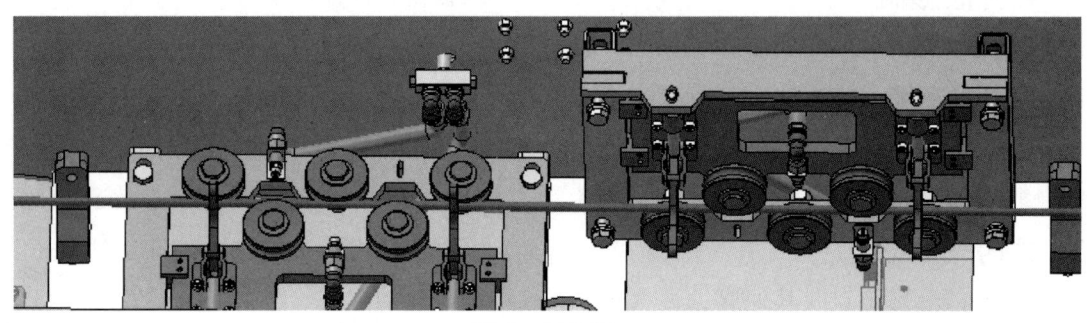

图2 导轮组

3.4 直径测量

电缆清洗完成后，其直径已更接近于真实直径，此时可对电缆直径进行测量，并通过直径的变化量来判断电缆的形变和磨损程度。

考虑受电缆旋转、入井频次、井身结构等因素的影响，同一位置的电缆在不同方向上的形变、磨损程度均不一样，可采用动态直径测控仪，利用高速脉冲红外光与高精度CCD传感器相结合的测量原理，在线测量电缆同一位置XYZ（相差60°）不同方向的直径，以此提高直径变化测量的准确度，并通过编码器确定直径变化的具体位置。此种方法具有精度高、速度快、实时显示、报警等功能，能大幅提高电缆的检查质量。

3.5 无损检测

直径测量更多的是对电缆外层铠装钢丝形变、磨损程度的检测，而对内层铠装钢丝的变化则是无法检测的。

多年的实践发现，对于大部分的电缆来说，内层铠装钢丝的腐蚀程度要远大于外层铠装钢丝，而内层的腐蚀情况是不容易被察觉到的。当需要检查内层铠装钢丝腐蚀、断丝等情况时，需逐个位置打开钢丝进行检查，此种做法时效低，且无法对钢丝的腐蚀程度进行定性、定量化判断。此时可利用强磁漏磁性原理，对电缆内外层铠装钢丝的金属横截面积损失（LMA）和局部损伤（LF）情况进行检测（图3、图4），以得到一个连续、定性、定量化的无损检测结果，同时也可结合上一步电缆直径测量的结果对电缆的损伤情况进行更全面的分析和判断。

3.6 注油保养

当电缆直径测量、无损检测完成后，在回收电缆的同时可通过另一套导轮组（其结构类似于图2），对电缆外层铠装钢丝和内外铠装钢丝之间进行喷淋防护油保养，以提高电缆的防腐、润滑能力。

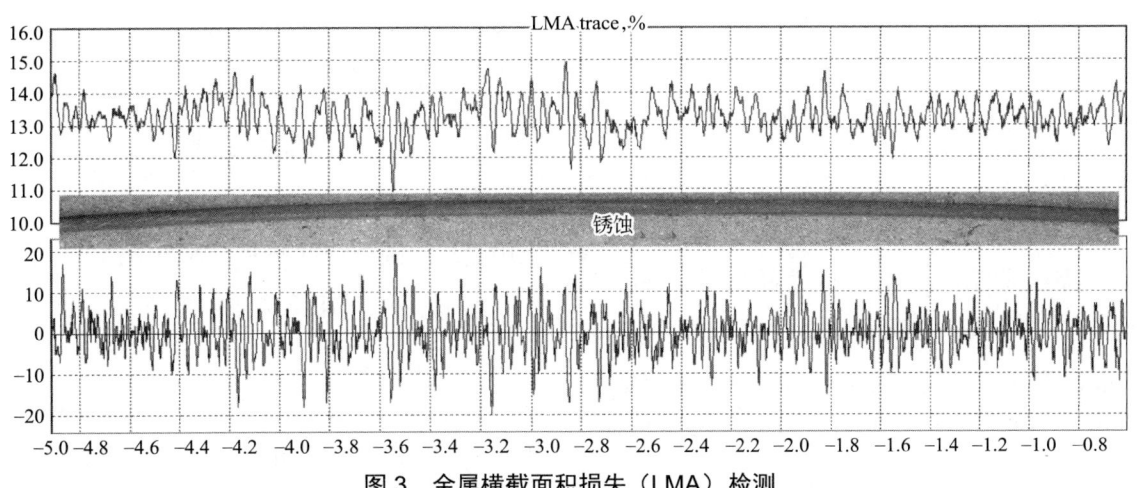

图 3　金属横截面积损失（LMA）检测

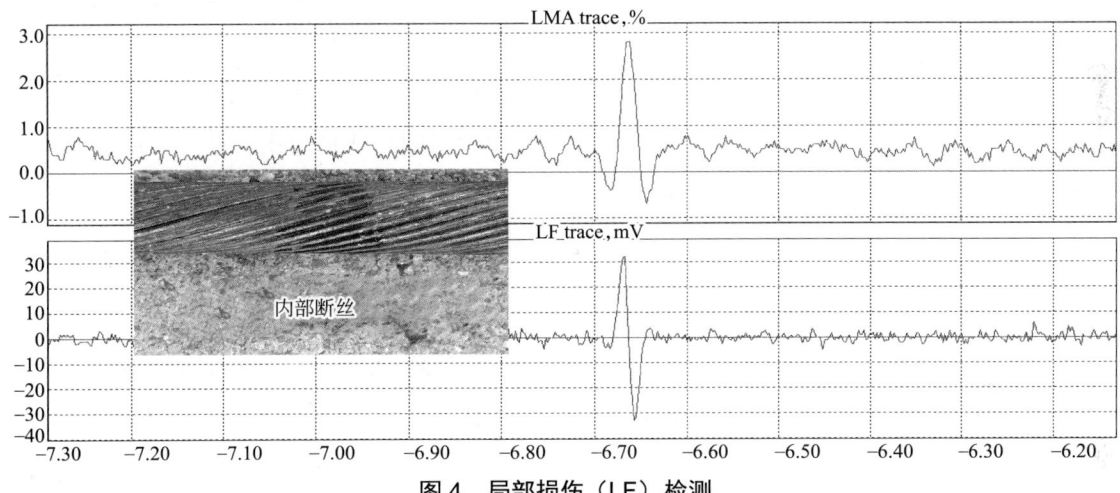

图 4　局部损伤（LF）检测

4　测井电缆的现场使用

（1）施工前应充分了解井况，必要时采取防护措施。含硫化氢浓度大于 5% 的井中作业时，应采用抗硫化氢电缆。

（2）选择合适的电缆弱点。按照拉力棒不大于"电缆最大拉断力 50% 与井内电缆最大悬重"差值的电缆弱点设计（使用）原则，计算得到不同深度和不同钻井液情况下的拉力棒最大值，以应对深井复杂井况的安全施工需要。

（3）选择合适的配套工具。滑轮直径应大于电缆直径 60 倍或外层铠装钢丝直径的 400 倍，以增大其弯曲半径。滑轮槽底宽、马丁代克轮槽，与电缆直径最大正偏差为 4%，防止电缆在运行期间出现挤压磨损情况。

（4）滑轮安装位置合理。井口、地滑轮与绞车中心线在一条直线上，保持滑轮各部位的转动灵活性，以减少电缆的摩擦。

（5）控制运行速度，保持适当张力。受井下条件限制，电缆在上提时每个阶段所受到的张力不尽相同，小则几百磅，大则几千磅，这样的张力变化会导致电缆产生重大的扭矩旋转。为了避免电缆旋转造成的任何问题，建议电缆下放和上提时的张力比应控制在 80∶120 以内，以此在最大程度上使内外层铠装钢丝受力保持一致，从而达到扭力平衡。

（6）电缆最大工作拉力不应超过其拉断力的 50%。实验证明，当电缆拉力超过其拉断力的 50% 时，会导致缆芯铜导线形变，绝缘层材料开始冷裂。在大多数情况下，几次拉力超过 50% 是可以容忍的，电缆的预期寿命只会有轻微的减少，比较频繁地使用超过 50% 的拉力或 11 次以上用 50% 以上的拉力作业，将会导致电缆寿命出现重大损失。

（7）电缆清洁。每次电缆上提作业时，都应及时安装好刮泥器，保持电缆外观的清洁。对于超深井最后一趟上提作业时，应在不经常下井的电缆上喷淋防锈油，以减缓外层铠装钢丝的锈蚀。电缆在腐蚀性强的介质中作业后，应及时进行清洗作业。

（8）禁止掉头使用电缆。经常下井的电缆存在直径磨损严重、内层铠装钢丝锈蚀、抗拉能力降低的现象。电缆调头后，这部分电缆有可能正好处于或接近现场作业受力最大的地方（井口、滑轮上方），这样就会给施工带来极大的风险。

测井电缆是测井作业过程中的关键一环，其安全稳定性事关全局，采用上述方法定期对测井电缆进行检查、维护和保养，合理规范使用测井电缆，可达到良好的应用效果。

参考文献

[1] 卓坤. 高温高压井测井采集工艺研究及应用[J]. 国外测井技术, 2021（1）: 9-13.

[2] 张超. 延长测井电缆使用寿命的方法探讨[J]. 测井技术, 2003, 27（B04）: 3.

[3] 谢岗. 硫化氢环境下测井电缆的保护方法[J]. 石油仪器, 2011（4）: 95-96.

[4] 于奇勇, 杨静. 测井铠装电缆的使用与维护[J]. 露天采矿技术, 2013（6）: 2.

[5] 龚广林. 测井电缆工程事故预防配套工具设计与应用[J]. 化工管理, 2019（36）: 2.

（作者：李向华，中国石油集团测井有限公司天津分公司，测井工，高级技师；张连，中国石油集团测井有限公司天津分公司，数控车工，高级技师；马振志，中国石油集团测井有限公司制造公司，射孔取心工，高级技师；刘俊臣，中国石油集团测井有限公司天津分公司，测井工程师；马赛麟，中国石油集团测井有限公司天津分公司，测井工程师）

稠油井新掺液模式的探索与实践

◆ 夏洪刚 赵奇峰 冯萌萌 朱成龙 张 莉

1 问题的提出

稠油勘探开发已有几十年，受稠油物理性质影响，其原油黏度高、凝固点高，部分油井油水分离严重、井口温度低等，直接造成井口光杆密封器密封效果差，油气易漏失，更换密封圈频次高。光杆密封器漏失后造成原油损失，原油落地污染环境，同时可能会受到巨额罚款。更换密封圈时需要停机，冬季更换密封圈更是费时费力，部分油井操作时间甚至会达到一个小时以上，对出砂严重的油井，易造成躺井事故。所以，稠油井光杆密封易漏失，是困扰稠油生产多年的现场难题。因此，本研究的目的就是从根源上解决稠油井光杆密封易漏失的难题。

2 改进思路及方案实施

光杆密封的原理就是通过密封圈与上下往复运行的光杆实现密封，其关键问题在于密封圈温度和摩擦面之间的润滑情况。以往解决光杆密封漏失问题，是通过更换密封器结构来压紧密封或增大密封面，但这样会增加生产成本和油井耗能；也有定期加入黄油、机油增加润滑，这样增加劳动量，且有时因加入润滑脂不及时，也会出现密封填料漏失；还有的在密封器上增加润滑装置，会造成成本增加。

通过现场调研，光杆密封器稠油井比稀油井易漏失，冬天比夏天易漏失，井口出液温度低的油井易漏失。因此，光杆密封器漏失的直接影响因素是温度和原油黏度。而对于稠油，根据其黏温曲线可知，温度越低，黏度越高。所以，如果能够提高温度，就可降低稠油黏度。现场使用密封圈的主体材料是丁腈橡胶，工作温度为 $-25 \sim 125℃$，短期 $150℃$。根据橡胶物理特性可知，在工作温度范围内，温度越高密封效果越好，温度越低，密封圈变硬，密封效果差。所以，要解决这个老大难的现场问题，最直接的解决办法就是提高温度。

而现有提升稠油温度的方法就是掺液，掺液分为以下两种：一是地下掺液，是将高温液体经套管阀门掺入井内，在井内对稠油进行升温降黏，再通过深井泵采出地面；二是地面掺液，就是将高温液体在地面旁通阀门处与采出液混合进行加热，混输进采油站。

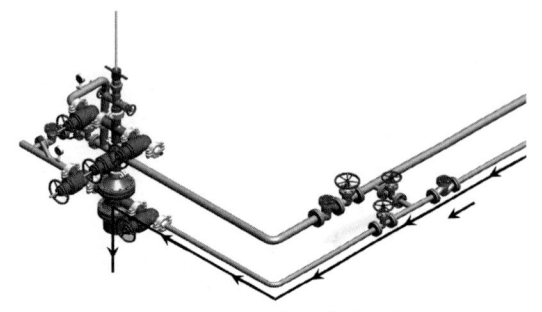

图1　稠油井地下掺液流程

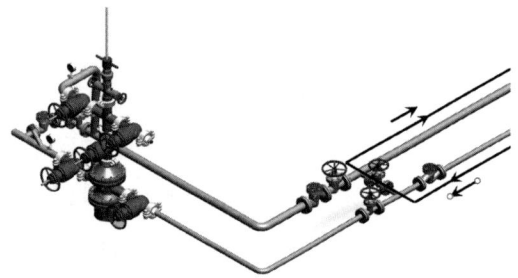

图2　稠油井地面掺液流程

通过对稠油井光杆密封器漏失进行系统分析，寻找系统内可用资源，发现可用资源是掺液，因此，针对稠油井提出新掺液模式（图3）。具体思路是对工艺流程进行变更，设计新式掺液流程，使掺入的高温液体流经光杆密封器，利用掺液的温度对密封圈进行加热，提升密封圈的密封性能，并在采油树处与原油混合，达到对稠油升温降黏的效果。

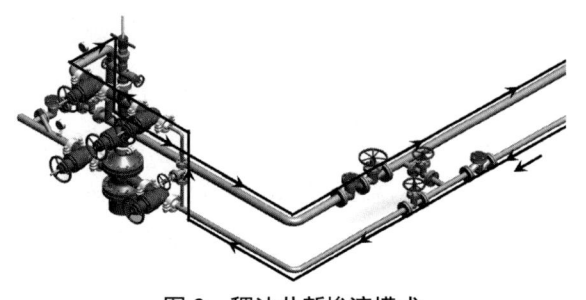

图3　稠油井新掺液模式

稠油井新掺液模式具体实施方法（图4），是在另一侧生产阀门使用卡瓦安装横管及弯头，弯头竖直向下连接活接头，使用相应管段连接控制阀门，向下使用管段与地下掺液流程相连。如短期工艺使用，可使用软胶管连接，即将地面掺液使用胶管连接在另一侧生产阀门上即可，如长期使用，应改为正常工艺连接。现场操作简单，在原地面掺液流程的基础上，打开回压阀门，关闭旁通阀门，打开掺液阀门、生产阀门，即可使用新掺液模式，源头上解决了稠油井光杆密封易漏失的难题。

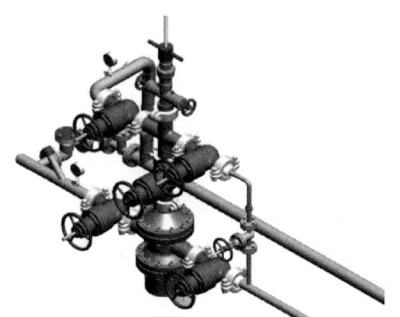

图4　稠油井新掺液模式具体实施

3　应用效果

2020年1月该稠油新掺液模式在欢127-30-30井首次使用，由原2天更换密封圈，延长至两个月更换一次，效果显著。近4年来，在辽河油田欢喜岭采油厂稠油区块应用50多井次，尤其是在冬季，能够有效延长井口密封器的密封效果，大量减少光杆密封圈用量，减少锅炉车刺洗井口费用，节约生产成本，降低员工劳动强度，减少停机时间，避免冬季频繁更换光杆密封圈造成卡井等，截至目前累计降本增效36.9万元。稠油掺液模式在稠油区块具有泛推广的价值，可从根源上解决稠油井冬季光杆密封器易漏失的难题，其经济效益和安全效益显著。

（作者：夏洪刚，辽河油田欢喜岭采油厂，采油工，高级技师；赵奇峰，辽河油田欢喜岭采油厂，采油工，首席技师；冯萌萌，大港油田第二采油厂，采油工，首席技师；朱成龙，辽河工程技术分公司，井下作业工，高级技师；张莉，玉门油田生产服务保障中心，采油工，高级技师）

导眼井压差卡钻处理与对策探讨

◆ 何玉龙　张　勇　闵光平　毛　丹　刘　强

近年来，随着钻井技术的日趋成熟，以往不被重视的油气层（厚度相对较薄、构造相对复杂、不具备经济开采价值）逐渐进入勘探开发的视野。为了能经济有效地开发此类区块的油气层，实施导眼井是一个有效的方法。这种方法能够有效地控制整个水平段，提高水平井油、气层的钻遇率。但由于原始地质资料稀少，邻井数量有限，造成施工措施不当，引发井下故障。本文针对LT1井卡钻故障发生过程、原因及处理做出分析，从钻具组合、钻井液性能等方面制定解决方案，从根本上降低风险，为今后确保钻井作业安全顺利地进行，以及推进提质增效建设提供一定的参考。

1 概况

随着对川南地区勘探开发的深入，地质情况与钻井过程中的不确定因素逐渐增多，井下故障复杂频频发生，特别是在蜀南双佛山构造地区，目的层茅口组含硫化氢、断层发育、喷、漏、垮的风险同时存在。LT1井钻进至完钻井深后，为了电测作业的顺利进行，在起钻和通井作业过程中多次发生压差卡钻，浸泡解卡剂解卡后，在钻具处于活动状态下依然发生压差卡钻，给生产带来了巨大的经济损失。

1.1 故障经过

1.1.1 第一次故障经过

LT1井使用定向钻具组合（ϕ160mmPDC钻头×0.26m+ϕ127mm无扶弯螺杆（1.25°）+ϕ127mm回压阀+ϕ127mm定向接头+ϕ120.65mm无磁钻铤1根+变扣接头+ϕ101.6mm加重钻杆16根+ϕ127mm随钻震击器+127mm旁通阀+ϕ101.6mm加重钻杆14根+ϕ101.6mm钻杆）钻进至完钻井深3382.0m，循环钻井液后起钻至3013.45m，在卸完立柱再次进行起钻作业时（钻具静止3.3min）发生压差卡钻；浸泡解卡液1.7h后解卡（在300～1500kN悬重范围内活动钻具过程中，随钻震击器工作正常）；关闭环形防喷器（调压5.0MPa），经液气分离器控制套压2.5～3.0MPa循环排解卡液，期间保持钻具上下活动。在活动钻具的过程中，上提钻具至井深2995.17m悬重由605kN升至710kN遇阻，下放钻具悬重至300kN未恢复，泵冲、立压无明显变化，钻具被卡；循环降密度由1.95g/cm³降至1.92g/cm³，安装旋转防喷器总成；浸泡解卡液4.8h后解卡；倒划眼至井深2945.85m，由旋转防喷器经液气分离器控压循环排解卡剂，并保持钻具活动，顶驱转速40r/min，扭矩3000～4000N·m。

1.1.2 第二次故障经过

更换钻具组合（ϕ160mm牙轮钻头＋双母接头＋ϕ127mm回压阀＋变扣接头＋ϕ101.6mm钻杆15根＋ϕ101.6mm加重钻杆3根＋ϕ127mm随钻震击器＋ϕ127mm旁通阀＋ϕ101.6mm加重钻杆4根＋ϕ101.6mm钻杆45根＋ϕ101.6mm加重钻杆23根＋ϕ101.6mm钻杆）通井至井底（裸眼段全程采取每一柱正划、倒划眼的方法，扭矩正常后再继续接立柱，并且在每次接、卸完立柱时，先启动转盘转动钻具，转速10r/min，限定扭矩15000N·m，扭矩正常且平稳后，再进行下步作业）；在倒划眼起钻至井深3189.25m时，启动转盘扭矩由0上升至15000N·m转盘憋停；接顶驱，限定顶驱扭矩22000N·m，转动顶驱，扭矩由0上升至22000N·m顶驱憋停，上提悬重至1500kN未恢复，钻具被卡；浸泡解卡液2.3h后，在300～1600kN悬重范围内活动钻具过程中解卡；由旋转防喷器经液气分离器控压循环排解卡剂，并保持钻具活动；循环调整钻井液性能，上提活动钻具至井深3177.26m，顶驱转速由45r/min降为0，扭矩由5900N·m升至15000N·m，顶驱憋停，泵冲、立压正常，间断憋扭矩22000N·m，并在250～1750kN悬重范围内上下活动钻具未解卡（期间随钻震击器上击工作正常，下击未震击）；循环逐级降密度至1.88g/cm³，浸泡解卡液5.9h后，在600～1800kN悬重范围内活动钻具过程中解卡；由旋转防喷器经液气分离器控压循环排解卡液；倒划眼起钻至套管鞋（井深：2813.0m）；循环调整钻井液性能；正划眼至井底；循环钻井液，注封闭液（井浆＋降滤失剂＋减摩剂＋封堵剂＋润滑剂＋暂堵剂）在裸眼段；短程起下钻验证井内后效和封闭液防卡性能符合起钻要求后起钻。

1.1.3 第三次故障经过

使用单扶钻具组合（ϕ160mm牙轮钻头＋双母接头＋ϕ127mm回压阀＋变扣接头＋ϕ101.6mm加重钻杆1根＋变扣接头＋ϕ157mm扶正器＋变扣接头＋ϕ101.6mm钻杆15根＋ϕ101.6mm加重钻杆4根＋ϕ127mm随钻震击器＋ϕ101.6mm加重钻杆4根＋ϕ101.6mm钻杆45根＋ϕ101.6mm加重钻杆21根＋ϕ101.6mm钻杆）下钻至通井深3205.13m，接好立柱后在下放钻具时遇阻，悬重从600kN降至556kN；上提钻具悬重至800kN，未解卡（整个接立柱过程中，钻具静止时间2min）；接顶驱转动钻具，限定扭矩15000～22000N·m，顶驱憋停，并在300～1550kN悬重范围内上下活动钻具未解卡（期间启动随钻震击器上击2次，下击未震击后，多次活动钻具启动随钻震击器未震击）；浸泡解卡液3.5h后解卡；由旋转防喷器经液气分离器控压循环排解卡液；循环活动钻具下放至3199.42m，顶驱转速从45r/min降为0，扭矩从3000N·m升至13600N·m顶驱憋停，泵冲、立压无明显变化，并在300～1800kN悬重范围内大幅度上下活动钻具未解卡；浸泡解卡液3h后解卡，起钻。

1.2 基础数据

目的层位是茅口组，岩性为灰岩，采用JFS

钻井液体系，密度 1.81g/cm³，相对黏度 45s；初切 2Pa、终切 7Pa、动切力 8Pa；失水 2.4mL、滤饼 0.2mm，pH 值为 10，油含量 3%，含砂量 0.2%，固含量 30%，氯离子含量 40000mg/L，钙离子含量 240mg/L，摩擦系数 0.06。

起下钻摩阻情况：裸眼井段起钻摩阻 50～70kN，裸眼井段下钻摩阻 50～80kN，钻具旋转时悬重 670kN，扭矩 3000～5000N·m。

井身结构：ϕ196.85mm 套管下至 2814.0m，实钻轨迹见图 1。

前期在井段 2986.61～3091.11m 的钻进过程中，经过多次因井漏失返的堵漏作业。

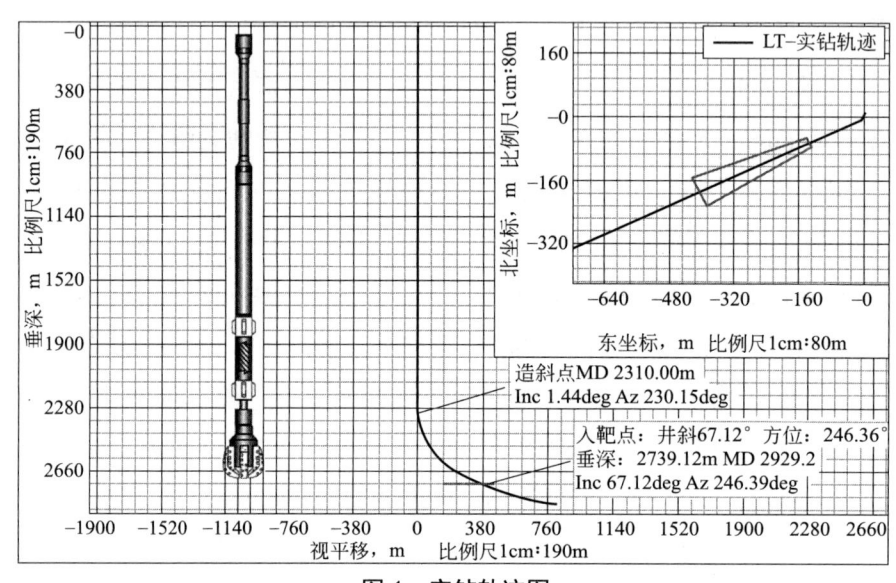

图 1　实钻轨迹图

2　原因分析

（1）本井为导眼井，位于区块边缘且构造复杂的断块内，受构造运动改造强烈，岩溶储层非均质性强，且已钻井均位于背斜区，而本井位于向斜构造区，可参考的地质、钻井资料较少，不能很好地预测工程地质情况和钻井风险。

（2）卡钻井深 2995.17～3205.13m，井斜 67.60～78.25°，最大狗腿度 1.91°/30m（平均值 1.19°/30m）；受重力和张力作用，使该井段钻具紧贴下侧井壁，相比直井钻具与井壁接触面积更大，从而导致钻具活动困难并引发压差卡钻。

（3）井段 2986.61～3091.11m 为漏失井段，钻井液在液柱压力的作用下不断滤失，部分钻井液中的固相颗粒和前期堵漏作业后的堵漏材料在此段井壁形成一层虚厚滤饼。在重力和压差的作用下，位于此井段的钻具贴近滤饼，导致滤饼中的液相被挤走，水压力下降，固相颗粒与钻具之间就存在接触应力。在接触应力的作用下，产生了阻止钻具运动的摩擦阻力，且与压差成正比。

（4）在卡钻初期的处置过程中，由于井身结构、钻具刚性弱以及自身重量轻，不能有效地传递所施加的压力，随钻震击器未发挥出明显的下击效果。

（5）使用倒装钻具组合时，处于漏失井段为 ϕ101.6mm 钻杆。由于井斜、压差和钻杆自身的柔性作用，使 ϕ101.6mm 钻杆与井壁的接触面积更大，加剧了滤饼对钻杆的黏附。

（6）裸眼段地层岩性为灰岩且较软，可钻性强，并且高、低压高渗同层，不仅难以控制良好的滤饼质量，还难以把握封堵材料的种类和粒径的大小，滤饼受钻井液滤液长时间的浸泡而得不到充分的改善，促使了压差卡钻的发生。

3 处理措施及可行性论证

3.1 改变钻具组合

采用合理的钻具组合，以此来减少钻具与井壁的接触面积，由面接触改为点接触，从而减小摩擦阻力，降低卡钻的风险。

3.1.1 接入防卡接头或欠尺寸扶正器

在裸眼段的钻具结构中，每隔一柱钻杆的距离接入一个防卡接头或欠尺寸扶正器，这两种工具的外径比钻杆接头外径稍大，在钻具静止或运动过程中，钻具重心提高，使钻具与井壁的接触面减小，从而预防卡钻的发生。但由于 ϕ101.6mm 钻杆的连接扣型与防卡接头和欠尺寸扶正器的连接扣型不同，每接入一个防卡接头或欠尺寸扶正器需在上、下连接两个变扣接头，增加了整个钻具组合的薄弱点，降低了安全性。所以在满足尽量简化钻具组合的前提下，此方案只作备选。

3.1.2 接入加重钻杆

在裸眼段的钻具结构中，加入加重钻杆，以尽可能地减少钻具与井壁的接触面积；并且还满足了随钻震击器上部钻具结构的刚性和重量，避免因钻具自身重量轻，在随钻震击器下击时，不能最大限度发挥其下击作用。

3.2 改善钻井液性能

合理的钻井液性能也是防止压差卡钻的重要因素，钻井液流变性好，剪切稀释能力强，有利于破坏油气层井段上的虚厚滤饼。

（1）在满足井控要求的前提下，适当且逐级地调整钻井液密度，做好平衡压力钻井，尽最大可能减小钻井液液柱压力与地层孔隙压力之差，降低卡钻的风险。

（2）起钻前，向整个裸眼井段注封闭液，在前期预防卡钻的处理措施中发挥了很大的作用。因封闭液中包含固体润滑剂，在一定程度上钻具与滤饼之间由滑动摩擦变为滚动摩擦，由面接触变成点接触，有效地降低摩阻、扭矩及泥饼的摩擦系数，减少钻具和设备的磨损。

3.3 减少钻具静止时间

钻具静止时间过长，是发生压差卡钻的另一重要因素。按照以往经验，钻具静止时间不允许超过 3min，但在本井静止时间为 2min 也发生了卡钻，这给现场操作提出了新的要求。

（1）在裸眼井段内进行起下钻或接卸立柱作业时，采用分解动作。使用钻杆卡瓦坐卡配合转盘转动钻具，即在接顶驱之前和卸顶驱之后都需要启动转盘来转动钻具，尽量满足减少钻具静止时间的要求。特别是低压、高渗透井段，尤其要注意。

（2）旋转防喷器在窄密度压力窗口、多压力系统及压力敏感性地层的使用中，可以实现带压转动，能保证钻具处于运动状态，避免钻具静止的发生。

4 实际处理

4.1 更换钻具组合

使用 ϕ160mm 牙轮钻头 + 双母接头 + ϕ127mm 回压阀 + 变扣接头 + ϕ101.6mm 加重钻杆 1 根 + 变扣接头 + ϕ157mm 扶正器 + 变扣接头 + ϕ101.6mm 加重钻杆 25 根 + ϕ127mm 随钻震击器 + ϕ101.6mm 加重钻杆 25 根 + ϕ101.6mm 钻杆的钻具组合,增加支撑点,减少接触面积。

4.2 调整钻井液性能

以 0.02~0.03g/cm^3 为一级逐级降低钻井液密度至 1.72g/cm^3,并且每降一级采取静止观察和短程起下钻的方式验证(在满足井控要求的前提下,再继续降密度)。其他钻井液性能参数:相对黏度 45s;初切 1.5Pa、终切 6Pa、动切力 6Pa;失水 2.2mL,滤饼 0.2mm,pH 值 10,油含量 6%,含砂量 0.2%,固含量 28%,氯离子含量 40000mg/L,钙离子含量 240mg/L。

4.3 注封闭液

每次通井至井底后,在起钻前向整个裸眼井段注封闭液,提高滤饼的坚韧度,减少渗透率,有效地封堵地层空隙,降低压差卡钻的风险。

4.4 严格现场作业操作规程

在裸眼井段的起下钻或接卸立柱作业时,使用钻杆卡瓦坐卡并配合转盘转动钻具,有效减少钻具的静止时间。

5 结论

当定向井段与高渗漏井段重合时,后期施工过程中发生压差—黏附卡钻风险明显高于直井段。在该井段被套管封隔之前,现场施工方必须在钻具组合、钻井液性能等多个方面制定措施,以此防止卡钻的发生。

采用单一的预防措施常不能有效地预防、控制或避免压差卡钻的发生,必须要采用综合性的预防措施,才能更好地将压差卡钻的风险降至最低。

压差(黏吸)卡钻是各类卡钻事故中最容易发生和处理的类型,但处理不当,往往会引发别的事故,使事故复杂化。所以在预防和处理的每一个步骤,都必须谨慎从事。

参考文献

[1] 蒋希文. 钻井事故与复杂问题[M]. 北京:石油工业出版社,2006.

[2] 许新强,李烘乾. 合理预防及处理压差卡钻[J]. 西部探矿工程,1996(6):17-19.

[3] 刘占国,吴亚林,邢金山. 华北油田压差卡钻因素分析与预防对策探讨[J]. 钻井液与完井液,1997(1):42-43.

[4] 赵宪富,台沐礼,孙德学,等. 预防油页岩地层钻进中压差卡钻的措施[J]. 探矿工程(岩土钻掘工程),2008(9):21-23.

[5] 任云贞. 伊朗雅达地区压差卡钻机理分析与预防措施研究[J]. 内蒙古石油化工,2011,37(11):140-141.

[6] 赵鸿生. 伊犁吉伦台-塘坝矿区压差粘附卡钻事故分析与预防[J]. 中国煤炭地质,2012,24(11):63-66.

[7] 刘晓坡. 定向钻井中压差卡钻事故的原因及预防措施[J]. 中国石油和化工标准与质量,2014,34(1):31.

[8] 王彩玲,张勇,闵光平,等. 川渝地区压差卡钻的预防处理及对策[J]. 石化技术,2017,24(9):296.

[9] 徐祖燨. 压差泥饼黏附卡钻的预防及其

解卡方法[J]. 中国井矿盐, 1990 (4): 10-13.

[10] 徐全昌. 薄层水平井新型导眼井设计方法[J]. 内蒙古石油化工, 2013, 39 (19): 58-59.

(作者：何玉龙，川庆钻探川西钻探公司，钻井工，高级技师；张勇，川庆钻探川西钻探公司，钻井工，高级技师；闵光平，川庆钻探川西钻探公司，钻井工，高级技师；毛丹，川庆钻探川西钻探公司，钻井工程，高级工程师；刘强，川庆钻探川西钻探公司，钻井工程，高级工程师）

碘量法运用中影响亚硫酸钠含量的因素分析

◆ 赵志伟　张建光

1　研究背景及目的意义

为进一步减少外排废气对环境的影响，长庆油田第五净化厂于2018年投运硫黄回收尾气处理装置。装置采用氢氧化钠溶液作为脱硫剂吸收尾气中的SO_2气体，反应生成的亚硫酸钠溶液被氧化为硫酸钠溶液集中进行结晶处理。装置运行过程中亚硫酸钠含量是反应装置运行情况和氧化效果的重要参数之一，实际生产过程中亚硫酸钠含量的化验结果既是对装置运行情况的监测，更是在调整装置补碱量、配风等工艺参数时的参考依据。

合格的硫酸钠溶液中要求亚硫酸钠的含量不超过1%，在装置正常运行期间，根据化验分析控制要求，洗涤塔和脱硫塔的亚硫酸钠检测频率为3天1次，进料加热器出口和氧化罐出口的亚硫酸钠检测频率为2天1次，硫酸钠溶液池的亚硫酸钠检测频率为1天1次。生产过程中也会根据生产情况进行实时测量，测量频次高且其测量值在生产运行中具有较高的指导意义。

由于影响亚硫酸钠含量测量值的因素较多，包括化验过程中操作的差异、溶液放置一段时间浓度产生的变化等，为进一步掌握各因素对亚硫酸钠含量测定值产生影响的程度及规律，本文中将基于控制变量法对影响亚硫酸钠含量测定的各影响因素进行滴定实验，通过实验结果分析结合反应原理总结出对实验准确度影响较大的因素，帮助加深对碘量法理论的认识，对实际生产过程中出现的异常测量值进行合理的解释和判断，同时有利于提高实验的准确性，以更加准确的测量值指导现场生产运行。

2　影响亚硫酸钠检测浓度的影响因素分析

2.1　碘量法原理

由于SO_3^{2-}具有还原性，在滴定过程中I_2被还原为I^-，属于碘量法中的间接碘量法。配置待测溶液时需加入过量的碘液，碘离子在弱酸性条件下与SO_3^{2-}离子发生氧化还原反应，剩余的碘离子与硫代硫酸钠发生反应，通过读取消耗的硫代硫酸钠溶液量计算氧化还原反应消耗的碘离子。

具体反应方程式如下：

碘离子与亚硫酸根离子发生氧化还原反应：

$$Na_2SO_3 + I_2 + H_2O = Na_2SO_4 + 2HI$$

滴定时硫代硫酸钠溶液与剩余的碘反应：

$$2Na_2S_2O_3 + I_2 = Na_2S_4O_6 + 2NaI$$

2.2 实验操作步骤中可能产生的影响

目前使用的具体测定方法为：称取约0.5g样品溶液，置于250mL碘量瓶中（实际操作使用100mL碘量瓶可以满足测量要求），用滴定管加入过量的碘溶液及25mL水，立即盖上瓶塞（加入2mL乙酸溶液），水封，缓缓摇动溶解后，置于暗处放置5min。硫代硫酸钠标准滴定液滴定至淡黄色时，加入1～2mL淀粉指示液，继续滴定至蓝色消失即为终点。同时进行空白试验。空白试验时除不加入试样外，其他操作和加入的试剂与试验溶液相同。

从测定方法中可看出操作中可能产生误差的环节有：

（1）样品称量时与操作要求中的0.5g相差较大；

（2）由于加热器溶液温度较高，取用溶液时温度较高；

（3）加水配置溶液时未准确加入25mL水；

（4）未准确加入2mL乙酸；

（5）未准确避光5min；

（6）加入淀粉指示液的时间过早。

2.3 外界环境对样品测定的影响

由于硫酸钠溶液需拉运至第二净化厂集中进行提盐操作，拉运过程中导致亚硫酸钠含量发生变化的影响因素包括：溶液放置时间较长，罐车内加热不足导致溶液饱和结晶，上清液中亚硫酸钠含量可能发生变化。

针对以上各影响因素，基于控制变量法设计实验对各影响因素进行测量分析。

3 实验分析各因素对亚硫酸钠含量的影响

3.1 主要实验仪器及试剂

（1）主要实验仪器：

精度0.1mg称量天平（Mettler Toledo XS204），25mL酸式滴定管（A级），2mL、10mL分度吸量管（A级），100mL碘量瓶（A级），滴管、烧杯等。

（2）主要试剂：0.1mol/L碘标准溶液，0.1mol/L硫代硫酸钠标准滴定液。检测样品为尾气回收装置主要设备洗涤塔、脱硫塔、氧化加热器出口、氧化罐出口、硫酸钠溶液池等参与生产的溶液。

3.2 实验操作中影响因素分析及讨论

3.2.1 实验不确定度分析

观察各因素对实验的影响前先对亚硫酸钠含量测定实验的不确定度进行分析。不确定度是指由于测量误差的存在，对被测量值的不能肯定的程度。反过来，也表明该结果的可信赖程度。本文采用标准偏差表示实验不确定度。

以加热器出口样品为例进行计算，结果见表1。

表1 加热器样品5次重复性测量结果

序号	样品取用量，g	滴定液量，mL	亚硫酸钠含量，%
1	0.5041	5.60	10.20
2	0.5118	5.50	10.16
3	0.4892	5.85	10.23
4	0.5097	5.50	10.20

续表

序号	样品取用量, g	滴定液量, mL	亚硫酸钠含量, %
5	0.5176	5.40	10.15
平均值			10.19
标准偏差			0.0327

测量不确定度的来源如下：

（1）样品测量重复性引起的不确定度；

（2）配置标准碘溶液时碘纯度引起的不确定度，称量基准试剂引起的不确定度，标准定容过程引入的不确定度；

（3）标准碘溶液配置过程中引入的不确定度，配置标准硫代硫酸钠溶液引入的不确定度；

（4）称量试样引起的不确定度；

（5）滴定管体积引起的不确定度。

综合计算30份样品可得加热器样品测定亚硫酸钠含量的置信区间为（$u\pm0.243\%$）；同理可得，氧化罐出口亚硫酸钠含量的置信区间为（$u\pm0.097\%$）。

3.2.2 称量样品质量对亚硫酸钠含量测定的影响

表2中测定数据除备注栏中条件更改外，其余条件均严格按照上述测量方法规范操作。

由于实验过程中溶液放置时间会不可避免地发生变化，故选择亚硫酸钠含量较高且不易结晶的氧化加热器出口样品作为实验样品。

表2 样品取用量对亚硫酸钠含量的影响

序号	样品取用量 g	滴定液量 mL	亚硫酸钠含量 %	相对偏差 %	备注
1	0.1995	11.30	9.98	2.38	样品取用量 0.2g
2	0.2132	11.30	9.38		样品取用量 0.2g

续表

序号	样品取用量 g	滴定液量 mL	亚硫酸钠含量 %	相对偏差 %	备注
均值			9.68	2.38	
3	0.3102	9.65	9.36	0.79	样品取用量 0.3g
4	0.2996	9.65	9.69		样品取用量 0.3g
均值			9.53		
5	0.4065	8.00	9.39	0.21	样品取用量 0.4g
6	0.4112	7.80	9.55		样品取用量 0.4g
均值			9.47		
7	0.5072	6.30	9.38	—	样品取用量 0.5g
8	0.4995	6.30	9.52		样品取用量 0.5g
参考值			9.45		

取7、8号测量均值即亚硫酸钠含量9.45%作为参考值可发现，当取用样品量改变时对结果均有不同程度的偏差。当取用样品质量与0.5g偏差较大时，测量值与参考值偏差达0.53%，超过实验置信区间，测量值不准确。当样品取用量增至0.4g时测量值进入实验置信区间范围。

观察图1可发现，当取用样品质量较小时，计算结果对样品取用量和滴定液量敏感度较高，在操作中要求较高的操作精度，当溶液取用量与要求值接近时，单次操作产生的误差值减小。因此，建议在操作中精准计量并记录。

3.2.3 待测溶液温度对亚硫酸钠含量的影响

由于加热器出口溶液温度较高，一般样品取回后冷却至室温进行测量，先观察待取溶液温度对测量结果的影响。

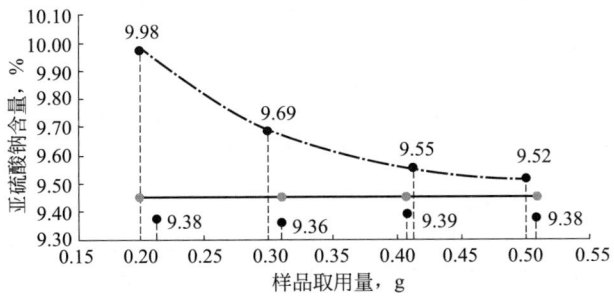

图1 样品取用量对亚硫酸钠含量影响图

从表3数据可得，待测溶液温度在室温至样品取回最高温度区间对检测结果没有影响。由于所选检测样品为加热器，加热器在放置至室温的过程中没有结晶析出，而对于氧化罐或硫酸钠溶液池的溶液样品，在降温过程中有可能析出结晶，析出结晶的情况不包含在此结论内，将在后文中详细讨论。

表3 待测溶液温度对亚硫酸钠含量的影响

序号	样品取用量 g	滴定液量 mL	亚硫酸钠含量 %	相对偏差 %	备注
1	0.5010	4.85	11.20	0	溶液温度 60.30℃
2	0.4968	4.95	11.19		溶液温度 60.30℃
均值			11.20		
3	0.5023	4.80	11.23	—	溶液温度 39.62℃
4	0.5079	4.75	11.16		溶液温度 39.62℃
参考值			11.20		
5	0.5134	4.60	11.20	0	溶液温度 21.15℃
6	0.4986	4.90	11.20		溶液温度 21.15℃
均值			11.20		

3.2.4 配置溶液时加水量对亚硫酸钠含量的影响

取加热器出口样品进行滴定实验，在配置待测溶液时分别用量筒加入20mL、25mL和30mL蒸馏水。

通过表4数据可得取用不同量的蒸馏水配制溶液测量范围均在实验置信区间内，对实验结果的影响不明显。

表4 配置待测溶液时加入蒸馏水量对亚硫酸钠含量的影响

序号	样品取用量 g	滴定液量 mL	亚硫酸钠含量 %	相对偏差 %	备注
1	0.5045	4.80	11.16	0.09	加入20mL蒸馏水
2	0.4929	5.00	11.23		加入20mL蒸馏水
均值			11.20		
3	0.4969	4.95	11.18	—	加入25mL蒸馏水
4	0.5065	4.75	11.19		加入25mL蒸馏水
参考值			11.19		
5	0.5033	4.80	11.21	0.31	加入30mL蒸馏水
6	0.5120	4.60	11.23		加入30mL蒸馏水
均值			11.22		

3.2.5 加入冰乙酸量对亚硫酸钠测量值的影响

间接碘量法要求反应在弱酸性条件下进行，表5中是加入不同量冰乙酸对亚硫酸钠含量的影响。

表5 配置待测溶液加入冰乙酸量对亚硫酸钠含量的影响

序号	样品取用量 g	滴定液量 mL	亚硫酸钠含量 %	相对偏差 %	待测溶液中 pH 值	备注
1	0.5112	13.20	2.16	—	2.35	加入 2mL 冰乙酸
2	0.4992	13.25	2.16	—	2.31	加入 2mL 冰乙酸
均值			2.16	—	—	
3	0.5025	13.25	2.15	0.46	2.61	加入 0mL 冰乙酸
4	0.4945	13.25	2.18	0.93	2.58	加入 0mL 冰乙酸
参考值			2.17			
5	0.5023	13.25	2.15	0.46	2.43	加入 1mL 冰乙酸
6	0.5187	13.20	2.13	1.39	2.03	加入 3mL 冰乙酸

表5中测量样品为pH值9.7的氧化罐出口溶液，从表中可看出加入冰乙酸的含量为1mL和2mL时，测量值在实验置信区间内，对亚硫酸钠含量的影响不大。加入3mL冰乙酸溶液pH值降至接近2，测量值超出实验置信区间，对测量产生影响。

冰乙酸在反应中主要作用为保持溶液环境为弱酸性，滴定溶液前测量待测溶液的pH值均为酸性，故过量加入冰乙酸对测量的准确度产生影响。

淀粉作为指示剂在弱酸环境中最为灵敏，同时淀粉为高分子化合物，在强酸性环境中（pH<2）会发生水解导致滴定终点不明确。故建议在实验过程中减少冰乙酸用量。

3.2.6 避光时间对亚硫酸钠含量的影响

为防止碘离子被空气中的氧气氧化，反应需避光进行，溶液一般在暗处放置5min后进行滴定。在实际操作过程中有时溶液放置时间不会准确控制在5min，现对待测样品不同避光时间进行分析（表6、图2）。

表6 待测溶液避光时间不同对亚硫酸钠含量的影响

序号	样品取用量 g	滴定液量 mL	亚硫酸钠含量 %	相对偏差 %	备注
1	0.5124	5.15	10.52	—	避光 5min
2	0.5089	5.20	10.54	—	避光 5min
均值			10.53	—	
3	0.5122	5.55	10.29	2.28	不避光
4	0.5023	5.60	10.24	2.75	避光 1min
5	0.4960	5.60	10.37	1.52	避光 2min
6	0.4988	5.40	10.53	0	避光 3min
7	0.5080	5.25	10.50	0.28	避光 4min
8	0.4997	5.4	10.51	0.19	避光 15min
9	0.5091	5.4	10.32	1.99	避光 120min

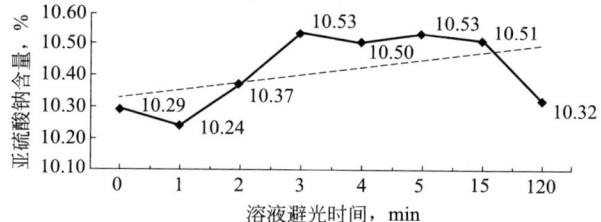

图2 待测溶液避光时间不同对亚硫酸钠含量的影响

比较1～5号检测数据说明避光时间不够测量的亚硫酸钠含量偏低，当避光时间增至2min后检测结果进入实验的置信区间内。故当实验的避光时间低于2min，检测结果不可信。这是由于亚硫酸根离子与碘离子发生氧化还原反应不是瞬时反应，需要一定时间才能反应完全，当反应时间不够时待测液中剩余的碘溶液会增多。避光3min时与参考值相同，且与避光4min时检测数据接近，可推测反应进行完全至少需要3min。

当待测溶液放置时间增至15min，检测值在置信区间内影响较小,当放置时间增至2h后,检测值在实验置信区间但与参考值偏差较大。故在3~15min间待测样品放置时间对检测结果不敏感。

3.2.7 加入指示剂与终点的距离对亚硫酸钠含量的影响

淀粉在弱酸性环境中与碘结合显蓝色且敏感度较高,在接近滴定终点时加入可帮助判断滴定终点,现观察操作中过早加入指示剂对检测结果的影响(表7)。

表7 指示剂加入时机对亚硫酸钠含量的影响

序号	样品取用量 g	滴定液量 mL	亚硫酸钠含量 %	相对偏差 %	备注
1	0.4851	13.50	1.82		距离滴定终点 1.5mL
2	0.4986	13.50	1.77	—	距离滴定终点 2mL
均值			1.80		—
3	0.4974	13.25	2.06	12.86	距离滴定终点 5mL
4	0.5035	13.25	2.03	11.58	距离滴定终点 7mL

从以上数据中可看出,过早加入指示剂会导致测量结果偏高。3号和4号测试值结果已超过实验的置信区间,结果不准确。参与滴定的硫代硫酸钠溶液量减少导致终点提前,分析原因是过早加入指示剂一部分剩余碘分子被淀粉包裹未参与硫代硫酸钠的滴定反应,从数值观察若过早加入指示剂对亚硫酸钠测定值的影响较大,故在实际操作中应注意观察。

3.3 外界环境对样品测定的影响因素实验及分析

对于氧化后的溶液硫酸钠含量较高,由于硫酸钠的溶解度在32.4℃时发生转折,当温度低于32.4℃时溶解度随温度上升而增加,当温度高于32.4℃时,溶解度随温度的上升而下降。由于硫酸钠溶液池内温度约为40℃,粗略观察溶液温度降至25℃以下开始出现结晶。

表8、图3中检测只取测试样品的上层清液进行检测,未加热摇匀。

表8 硫酸钠溶液池样品放置结晶后上清液亚硫酸钠含量的变化

序号	样品取用量 g	滴定液量 mL	亚硫酸钠含量 %	相对偏差 %	备注
1	0.5173	14.00	1.07		取样5min后,35℃
2	0.5086	14.00	1.09	—	取样5min后,35℃
参考值			1.08		—
3	0.5061	13.85	1.25		放置30min,20.5℃
4	0.4923	13.90	1.24	13.25	放置30min,20.5℃
均值			1.25		—
5	0.4923	13.80	1.35	20.00	放置2h,20.6℃
6	0.4993	13.55	1.50	28.00	放置4h,19.8℃
7	0.5078	13.60	1.52	28.95	放置6h,20.1℃
8	0.4991	13.50	1.55	30.32	放置17h,19.8℃
9	0.5187	13.60	1.38	21.74	放置24h,19.8℃

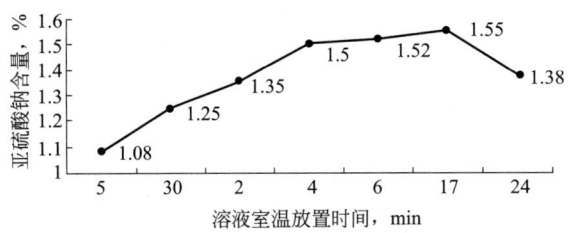

图3 氧化罐放置结晶后上清液亚硫酸钠含量的变化

溶液中硫酸钠和亚硫酸钠共存，放置结晶后上层清液所含亚硫酸钠浓度有所上升，推测底部结晶主要为硫酸钠。当溶液放置30min结晶后测试值超过实验的置信区间，结果不准确。加热溶化结晶后对溶液重新进行测量，见表9。

表9　加热放置结晶后的硫酸钠溶液池待结晶消失后再次检测

序号	样品取用量 g	滴定液量 mL	亚硫酸钠含量 %	相对偏差 %	备注
1	0.5136	13.95	1.02		放置24h后加热再测
2	0.4962	13.95	1.06		放置24h后加热再测
均值			1.04	3.70	

结晶加热消失后检测值与参考值接近且在实验的置信区间内，说明若因冬季外界气温低溶液取回后结晶，加热溶化结晶后再测对结果基本无影响。

4　实验结论

4.1　对化验结果不产生影响的因素

在碘量法测定亚硫酸钠含量的操作中，称量时待测溶液温度、配置待测溶液时加入的蒸馏水量对测量结果产生的影响可忽略不计。

4.2　对样品测量结果敏感度较高的因素

造成测量值偏低的因素包括：检测操作中避光时间不够会导致测量结果偏低。

造成测量值偏高的因素包括：过早加入指示剂导致测量结果偏高；待测溶液在环境温度较低时放置结晶后上清液亚硫酸钠含量增高；测量样品中混入10%冷凝水后检测亚硫酸钠含量增高。

4.3　对测量操作的建议

冰乙酸主要用作控制溶液pH值，过量冰乙酸对测量准确性造成影响，建议在检测中适量减少冰乙酸用量。

亚硫酸钠含量的计算中对样品的称量质量敏感度较高，称取样品质量越低对读数和操作的精度要求就越高，故在具体操作中应尽量使称量质量接近要求值0.5g并准确读数记录。

（作者：赵志伟，长庆油田第一采气厂，天然气净化操作工，高级技师；张建光，长庆油田第一采气厂，天然气净化操作工，高级技师）

浅谈生产异构级二甲苯过程中遇到的问题与解决方法

◆ 邵启超

某沿海炼化企业在开展"减油增化、减油增特"生产过程中,对异构级二甲苯质量和产量进行优化。针对分析优化过程出现的甲苯含量高、溴指数频繁升高、精制剂使用时间短等问题,提出控制重整反应苛刻度、采用改性白土罐+分子筛精制剂串联、优化重整油分离塔再沸器流程、优化重整油分离塔、优化二甲苯塔操作等控制手段,保证异构级二甲苯质量合格和产量提升。

1 工艺流程

芳烃抽提装置的原料来源于连续重整脱戊烷塔塔底来的稳定汽油,经重整油分离塔进行组分后将塔底切割出的含混合二甲苯等 C_8 及以上组分送入二甲苯白土罐进行白土精制,精制油作为二甲苯塔进料。二甲苯塔顶产品为混合二甲苯产品,二甲苯塔侧线为汽油调和组分的 C_9 组分,二甲苯塔底为燃料油调和组分的重芳烃(图1)。

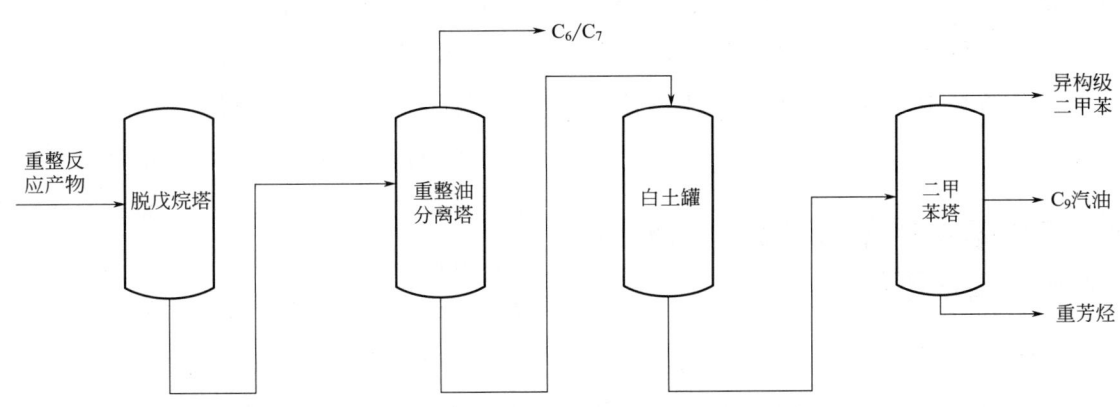

图1 连续重整装置生产异构级二甲苯原则流程图

2 异构级二甲苯生产方案

2.1 异构级二甲苯质量控制要求

异构级二甲苯作为炼化公司减油增化、减油增特的关键产品,要对其质量进行严格控制。具体控制指标见表1。

表1 异构级二甲苯质量要求

溴指数,mgBr/100g	≤50
甲苯含量,%（质量分数）	≤0.5
对二甲苯含量,%（质量分数）	≥18
非芳烃含量,%（质量分数）	≤2.0
C_8芳烃含量,%（质量分数）	≥98
馏程（101.3kPa）,℃	137～143

2.2 异构级二甲苯精制控制方案

目前该炼厂异构级二甲苯生产精制方案为改性白土＋分子筛精制剂。白土脱烯烃的原理为物理吸附与化学反应的共同作用。白土经酸化后形成很大的比表面积,具有较强的吸附能力；同时白土经酸化后,颗粒表面会形成弱酸性中心,这些酸性中心在脱除芳烃中微量烯烃的反应中起了关键作用。在精制过程中,酸化后的白土先将烯烃物质吸附于孔道内,孔道表面的酸性中心催化烯烃发生聚合反应和烷基化反应,生成多烷基苯、稠环芳烃和胶质类物质,从而将微量烯烃从芳烃中脱除,实现脱除烯烃控溴指数的效果。

3 二甲苯中甲苯含量高,重整油分离塔分离精度不够

（1）重整油分离塔经历过3次检修周期都没有出现过塔底油中含有甲苯的情况,但是在2020年5月份开工过程中塔底含有0.46%的甲苯。装置检修清理塔盘之后,塔盘还存在铁锈等杂质造成浮阀卡涩情况。通过表2对比塔的压差和塔的回流量可以看出塔的分离效果不好。

表2 重整油分离塔开工前后对比

重整油分离塔	2019年检修之前	2020年开工之后	设计值
回流量,t/h	105	75	91
塔底温度,℃	177	183	178
进料温度,℃	107	114	117
塔底压差,MPa	0.06	0.087	—

（2）重整油分离塔底设有正常操作用的再沸器（E503）和用于开工的蒸汽再沸器（E504）,其热源分别是二甲苯塔塔顶气相和饱和中压蒸汽。但E504目前无法正常投用,导致重整油分离塔受二甲苯塔顶气相影响较大。如果二甲苯塔波动导致塔顶气相过少,不仅会造成重整油分离塔塔底热源不足温度下降,严重的时候会导致重整油分离塔分离精度不够,甲苯随塔底进入二甲苯塔。当甲苯进入二甲苯塔时,影响异构级二甲苯质量。

（3）精制剂投用初期导致二甲苯中甲苯含量高。由于新换的精制剂活性高,发生大量的歧化反应,投用过程中导致大量的甲苯进入二甲苯塔,造成二甲苯塔回流罐压力升高,二甲苯塔塔顶至E503壳程流量下降,换热效果变差,重整油分离塔塔底温度降低。更严重的时候会造成重整油分离塔分离效果变差,甲苯随着重整油分离塔塔底进入二甲苯塔导致恶性循环。

（4）精制剂使用周期过短。2020年5月开始采用改性白土＋精制剂生产异构级二甲苯,但是在生产过程中发现二甲苯溴指数上涨过快导致精

制剂使用时间过短。最短的一次单罐精制剂仅仅生产了6天异构级二甲苯。

(5) 其他原因影响异构级二甲苯产量。在2020年开工以后，异构级二甲苯中对二甲苯含量低、非芳烃含量高以及人员操作等问题经常出现，影响二甲苯产量。

4 应对措施

4.1 降低二甲苯中甲苯含量的措施

4.1.1 通过降低回流比降低塔负荷

降低回流比可以降低塔负荷。但回流量降到75t/h时，会造成甲苯不合格。所以在大幅度降低回流量时要及时化验分析重整油分离塔中的C_8含量，避免轻重整油中带入过多C_8芳烃，造成甲苯不合格。

4.1.2 提高重整油分离塔再沸负荷

开大重整脱戊烷塔进料与塔底换热器跨线阀开度，增加重整油分离塔进料温度，然后在二甲苯塔回流罐安全阀和放空线前加两条管线，引到E504壳程出口至重整油分离塔放空线上（DN50）（图2），由于重整油分离塔塔底压力为0.1MPa，二甲苯塔塔顶压力为0.54MPa，这样可以降低二甲苯塔回流罐的压力，增加二甲苯塔与回流罐的压差，保证重整油分离塔塔底再沸器的取热。另一方面，二甲苯塔顶温度为227℃左右，重整分离塔塔底温度为183℃左右，通过将二甲苯引入重整油分离塔塔底可以提高塔底温度。改造效果如表3所示。

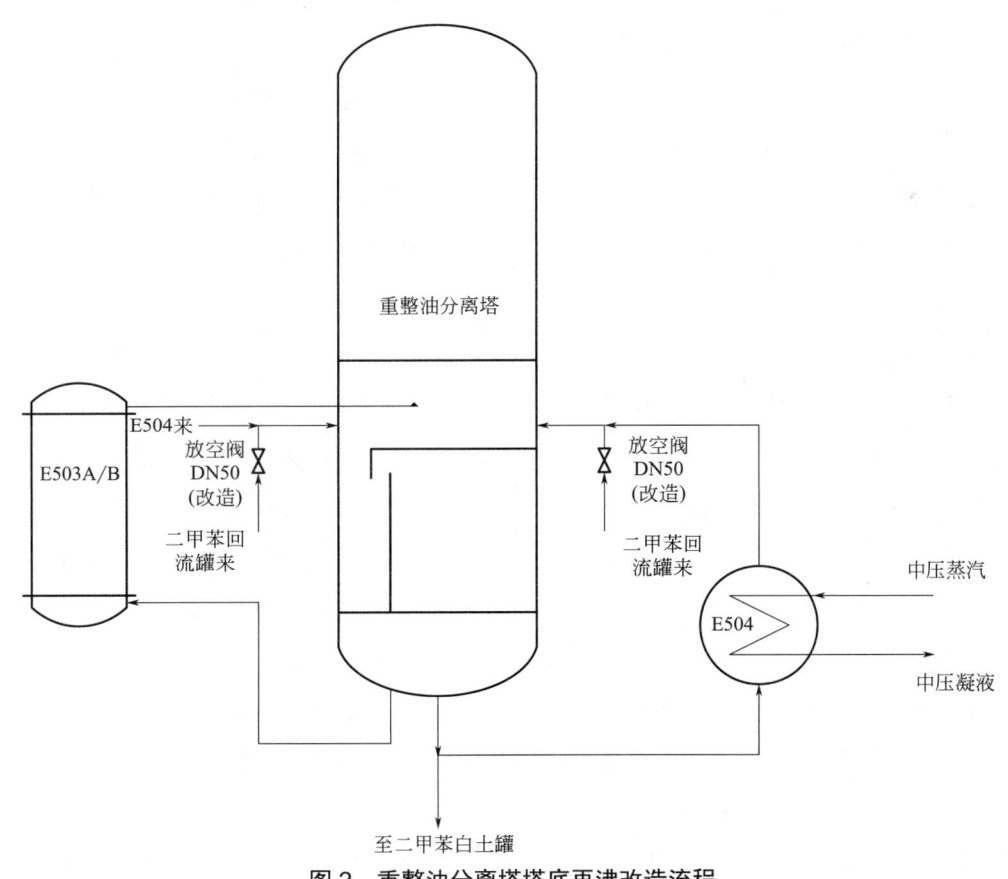

图2 重整油分离塔塔底再沸改造流程

表3 重整油分离塔塔底再沸改造后效果（% 质量分数）

运行工况	重整油分离塔塔顶 C_8 芳烃含量	重整油分离塔塔底 C_7 芳烃含量	二甲苯中甲苯含量
正常工况	0.5%	未检出	0.01%
2020年开工	4.15%	0.46%	0.6%
改造之后	1.89%	0.19%	0.32%

4.1.3 延长精制剂干燥时间

二甲苯精制剂在干燥过程中尽量时间长一些，可把甲苯置换出去。

白土罐投用时将温度降至最低，减少白土的活性，防止发生歧化反应产生大量甲苯。严重时要将二甲苯塔回流罐安全阀副线开一些，可以加快降低回流罐压力，还可以将回流罐中甲苯排出去，但是会损失部分二甲苯。

4.2 延长改性白土+分子筛精制剂使用时间的措施

4.2.1 控制重整反应苛刻度降低重整油分离塔塔底溴指数

二甲苯白土罐是控制溴指数的重要方式，为了延长改性白土+精制剂的使用寿命，应当降低原料溴指数，保证长周期运行。延长精制剂使用周期的因素重点就是重整油分离塔塔底溴指数如何控制。由于重整催化剂已经使用了7年，达到了使用末期，为了保证重整催化剂再生的长周期运行，通过反应部分提高氢油比，在满足产品要求的情况下尽量降低反应苛刻度来减少催化剂积碳。尽量提高催化剂再生循环速率，保证催化剂活性的同时减少催化剂积碳。但是催化剂到达使用末期，催化剂保持氯的能力下降，所以要通过提高注氯保持催化剂的水氯平衡。在提高注氯量的同时要增加重整稳定塔前脱氯罐的化验分析，防止脱氯罐穿透将过多的氯带入稳定塔造成铵盐结晶影响稳定塔操作。重整进料由直馏石脑油、加裂重石脑油、渣油加氢石脑油、改质石脑油等组成，重整进料组分过重将会影响催化剂积碳速度，通过源头控制将重整原料干点控制在165～175℃。控制之后可以降低脱戊烷油的 C_9 非芳烃含量和重整油分离塔塔底溴指数，从而大幅度提高改性白土+精制剂的使用时间。

通过以上措施，将重整油分离塔塔底溴指数控制在1200mgBr/100g以内，可以大幅度延长白土罐的使用寿命。通过对比，第一个白土罐在重整油分离塔塔底溴指数控制在1500mgBr/100g以上时，实际生产异构级二甲苯仅有74天；而将重整油分离塔塔底溴指数控制在1200mgBr/100g以内时，实际生产异构级二甲苯达到了322天。

4.2.2 稳定处理量

由于一些原因重整进料频繁提量，导致异构级二甲苯溴指数升高，不得不通过快速提温使二甲苯溴指数下降来保证产品合格，但是提温需要一段时间反映到溴指数上，提量过程中经常会出现过度提温造成精制剂的寿命缩短。所以日常应尽量保持重整进料量的稳定来延长精制剂的使用时间。

4.3 提高异构级二甲苯产量的措施

4.3.1 减少异构级二甲苯中非芳烃含量

重整进料来源有直馏石脑油、加氢裂化石脑油、渣油加氢石脑油、加氢精制石脑油，油品来源比较复杂，组分波动也比较大，所以要通过控制重石脑油终馏点、减少重整催化剂积碳、改变重整反应苛刻度等方法来调整重整脱戊烷油中 C_9 非芳烃含量，从而大幅度减少二甲苯中非芳烃含量。

通过表4可以看出，调节之前在待生催化剂碳含量高时，二甲苯非芳烃含量就会增加。调节之后在待生催化剂碳含量同样在4.9%左右时，尽管重整进料终馏点高一些，但是二甲苯中非芳烃含量也下降到了0.67%。

表4 调节重整反应苛刻度前后效果

运行工况	重石脑油终馏点 ℃	待生催化剂碳含量 %	脱戊烷油中C₉非芳烃含量 %	二甲苯中非芳烃含量 %
调节之前	170.06	4.84	0.25	1.3
调节之前	174.64	6.03	0.36	1.77
调节之后	172.16	4.97	0.17	0.67

4.3.2 减少异构级二甲苯中对二甲苯含量

通过操作发现对二甲苯含量与二甲苯塔温差有关。通过缓慢提高二甲苯温差，加强化验分析，可以总结出当温差在15℃时二甲苯中对二甲苯可以稳定在18.2%，确保卡边操作，从而提高二甲苯的产量。

4.3.3 减少二甲苯污染

装置突发紧急停工时，白土罐内油品长时间静止会发生剧烈的烷基化反应，产生过多重芳烃，影响二甲苯与C_9汽油质量。在装置异常停工时，需要把白土罐中的油退出去。待重整反应正常后再投用白土罐，以免对二甲苯及C_9汽油造成污染影响产品质量。

4.3.4 优化内操监盘安排

内操人员分装置进行监盘，存在沟通不足或调节不及时现象，导致重整塔底油去芳烃重整油分离塔的进料量波动过大，影响重整油分离塔的操作。优化内操人员监盘安排，将原来的分重整装置和芳烃装置监盘改为分单元模块监盘，将重整稳定塔单元和芳烃重整油稳定塔及二甲苯塔分为一个模块通过稳定塔来缓冲，可以避免沟通不及时造成重整油分离塔进料波动导致二甲苯不合格。

5 结论

结合实际生产过程中遇到的二甲苯质量问题案例，总结影响二甲苯质量的因素及优化措施：（1）在重整油分离塔再沸器热源不足或塔分离精度不足时，通过增加二甲苯回流罐至重整油分离塔再沸器流程提高塔负荷。（2）对于精制剂使用周期过短，由于重整催化剂已到使用末期，加强重整再生长周期运行，根据重整油分离塔塔底溴指数情况调整重整苛刻度；还要关注待生剂的碳含量，通过增加循环氢流量来降低催化剂积碳。（3）改变白土罐前后串并联的顺序以延长白土使用寿命，保证二甲苯质量合格。（4）通过调整内操人员监盘，避免上下游由于沟通不足而导致产品不合格。

参考文献

[1] 竺家培,陈刚.催化重整装置混合二甲苯精制塔白土失活原因分析与解决措施[J].石油炼制与化工,2012,43(11):40-43.

[2] 徐承恩.催化重整工艺与工程[M].北京：中国石化出版社,2014.

（作者：邵启超，广西石化，催化重整装置操作工，技师）

带压测井作业扶正器遇卡处置与预防

◆ 牛步能　孔德博　刘春斌　陈绪龙　王 鹏

生产测井因仪器原理要求，测量时必须使仪器在井筒中处于居中状态，所以要求在仪器串中相应传感器的位置安装扶正器。生产测井由于井筒尺寸变化，扶正器常被设计为弹性滚轮扶正器（下文简称扶正器），用以适应多种管径及同一井筒尺寸的变化。但由于扶正器因磨损及井筒脏导致扶正器弹性臂收缩不灵活，而在作业中出现扶正臂在连接处断开，容易在井筒变径处遇卡，给气井带压测井作业和气井正常生产带来极大的影响。

1 遇卡事故分析

1.1 扶正器类型

生产测井中心带压作业主要为气井PLT作业或油套管腐蚀检测作业，所用扶正器主要为SONDEX公司PRC-033扶正器（图1），技术参数见表1，该系列扶正器引进以后目前均实现了国内仿制。此类扶正器中居中推靠臂主要由上下部分组成，上下推靠臂中间由滚轮连接。

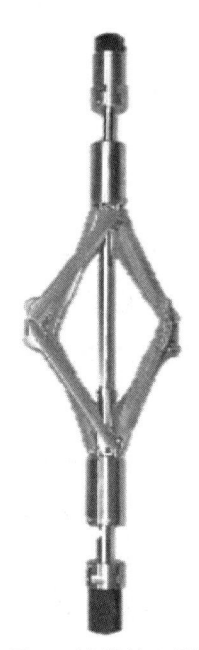

图1　滚轮扶正器

表1　PRC033扶正器参数

直径	35mm
长度	510mm
连接长度	475mm
重量	2kg

续表

耐温	177℃
耐压	103MPa
使用指标	扶正力量约8kg

1.2 扶正器遇卡的机理

开采管柱及采油树内部不是统一通径，内部存在不规则结构和井下工具，当断裂的扶正器通过这些位置或工具时，断裂的扶正器支撑臂在这些位置发生遇卡；同时由于后期生产或完井过程中可能存在落鱼，落鱼卡在扶正器臂中，导致扶正器在井筒尺寸变化处过不去产生遇卡。

1.3 扶正器断裂的原因分析

扶正器臂断裂主要原因有：

（1）仪修保养不到位，扶正器臂磨损严重、销子松动及扶正器滚轮不灵活，扶正器收放不自如，在井筒不断磨损从而臂断。

（2）扶正器长期使用，在井筒中浸泡，导致扶正器销子因长时间使用处于金属疲劳或者腐蚀状态。

（3）井下存在落物导致扶正器收缩不回去，在变径地方来回多次尝试收放最终导致扶正器在弱点滚轮处断裂（图2）。

2 扶正器遇卡的处置

2.1 油管内遇卡

扶正器在油管内臂断裂遇卡主要发生在油管变径处，扶正器从合拢状态到打开时，断开的扶正臂在变径处遇卡。在现场实际操作中可以通过上下活动仪器串改变扶正断臂位置解卡。若不能解卡，可以在安全拉力范围内来回活动仪器，逐步增加拉力，迫使断臂销钉产生机械疲劳，拉脱断臂后仪器解卡。

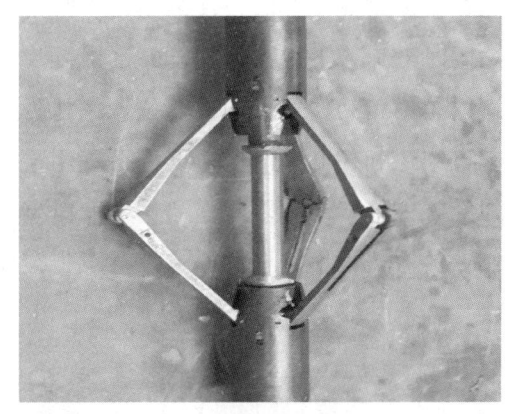
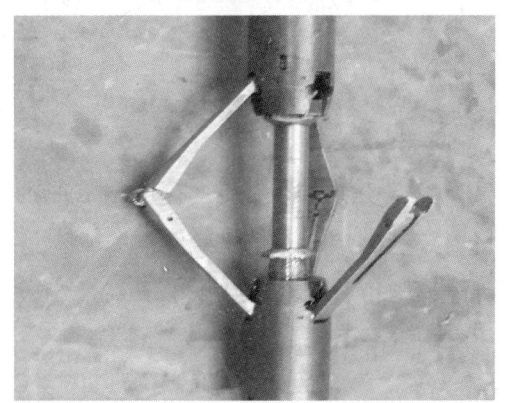

图2 扶正器支撑臂断裂前后对比

2.2 带压测井采气树遇卡

带压测井过程中当仪器进入采气树后发生遇卡应先判断遇卡原因。排除电缆在注脂控制头遇卡，确定为井下仪器遇卡后，向采气树厂家或甲方索要采气树内部结构图，在采气树图上将仪器位置进行标注，分析下井仪器串结构。结合仪器外径有无台阶、仪器参数是否正常等因素综合分析后，大多可以判断出是否为扶正器遇卡。若此时仪器串中加重杆部分已经进入防喷管，仪器串处于阀门和防喷器闸板位置导致阀门无法关闭，将极大地增加井控风险。快速有效的解卡方式十分关键。

（1）不压井解卡处置。由于带压作业原因，解卡主要是通过改变扶正器状态尝试解卡。可采用的方式有振击、磁场吸引、活动阀门、活动防掉器闸板及通过侧压井阀泵注减阻剂、醇或液压油等。同时变速起下绞车，提升解卡成功率。需要注意的是：因为仪器处于井口位置，拉力主要作用于电缆头和仪器串，不建议直接采用最大安全拉力的方式解卡，可以考虑通过采取频繁人工震击作业的方式，使扶正器遇卡位置发生金属疲劳再次断裂或者改变断臂位置达到解卡目的。若采用活动阀门的方式，切记阀门开关圈数，不要猛关阀门，防止盲板对仪器造成的损坏。

（2）压井后解卡处置。当各类不压井解卡均无效以后，则采取压井后解卡的方式，尝试打开防喷管进行直接解卡。此时解卡处置方法较多，可以通过图3所示操作步骤进行解卡。

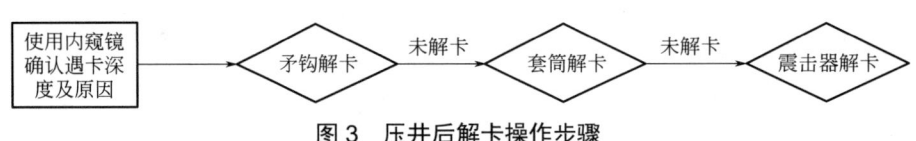

图3　压井后解卡操作步骤

第一步，使用探照内窥镜探明遇卡原因及位置。将内窥镜固定于不锈钢管内（图4），逐步下入到可能遇卡位置，观察遇卡的具体情况，针对具体情况制定解卡措施。

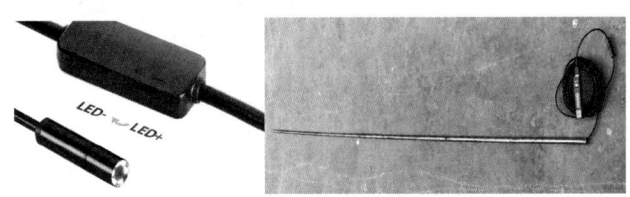

图4　内窥镜工具照片

第二步，针对扶正器断臂遇卡位置，制作简易矛钩，在内窥镜的指引下，将矛钩下过遇卡深度后，上钩扶正器断臂从而解卡（图5）。

第三步，如果使用矛钩无法拨动扶正器断臂，可以根据仪器外径与采气树内径的缝隙，下入带有半圆开槽的套筒（图6）到遇卡位置，采用上下震击方法，直接使套筒边缘作用于扶正器断臂边缘，通过下砸震击使得断臂回弹或者直接断裂进行解卡。

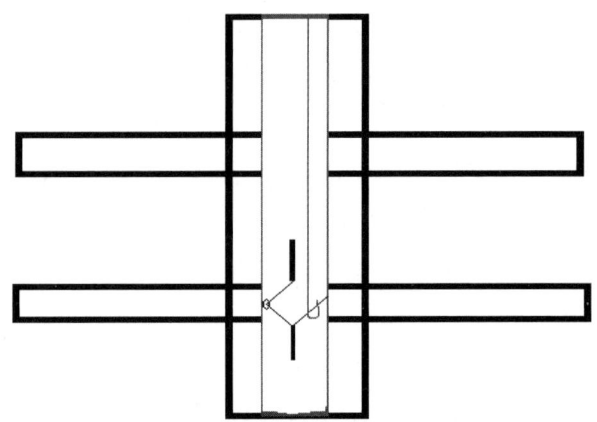

图5　矛钩解卡简易示意图

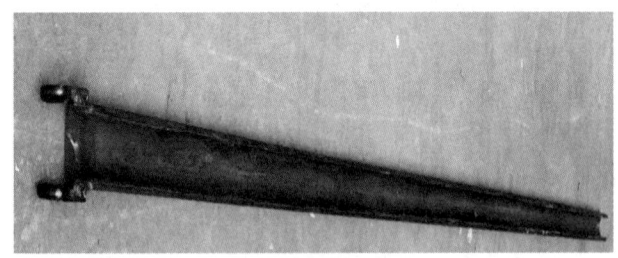

图6　解卡套筒

第四步，当以上方法无法解卡时，可以将仪器采用卡盘固定，从仪器露出采气树上部拆开，连接震击器，并再次连接防喷管，通过震击解卡。注意再次连接震击器时，预留足够的防喷管，以免影响行程或导致解卡后防喷管容量不够造成被动。

3 案例分析

生产测井中心某队在某井进行 PLT 作业，完成后上提仪器至采气树时，发生遇卡。该井井口压力 9MPa，产量 $6×10^4m^3/d$，采气树通径为 4.5in，整串仪器纵贯防喷管、防喷器、采气树，导致防喷器、采气树无法关闭。根据仪器串结构、绞车深度、伽马探头位置确认以及采气树结构数据综合分析，判断可能为扶正器在采气树大四通上的台阶处遇卡。带压处置时通过活动防掉器闸板、开关阀门、震击采气树、人力活动仪器及泵冲等方式均无法解卡。压井后通过下入内窥镜，发现扶正臂已经从中间断开，扶正器下臂及中心杆见明显硬物痕迹，下支撑臂由于自身重力向旁边伸出卡入大四通台阶处造成上提遇卡。后通过内窥镜与捞锚协同解卡（图7），仪器顺利起出。

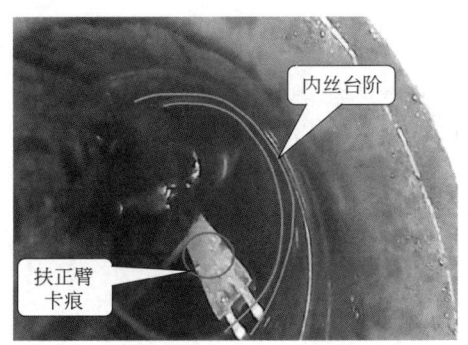
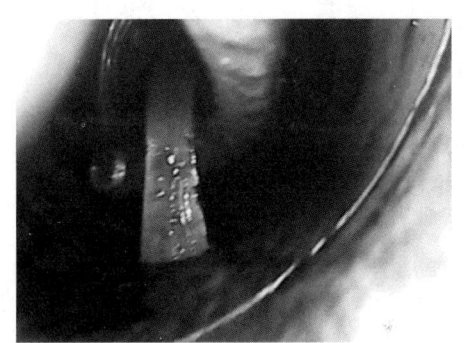

图 7 内窥镜与捞锚协同解卡

4 结论

气井带压作业扶正器支撑臂断裂后容易在井下变径及采气树位置遇卡，采气树遇卡后井口阀门及防喷器无法关井，井控风险剧增，造成很大的潜在危险，若处置不当导致仪器落井，将产生较大的经济损失。本文分析得出以下结论：

（1）重视扶正器的保养、零件的强制更换。仪修人员定期对扶正器检查和更换配件，现场作业人员上井前再次检查确认，已经下井的扶正器必要时更换，减少支撑臂机械疲劳，消除扶正器断裂风险。

（2）扶正器遇卡以后可以通过震击、泵注、活动防掉器挡板及开关阀门等方式尝试解卡，压井以后可以使用内窥镜、套筒及矛钩等工具解卡。

（3）深入分析仪器结构、井筒及采气树结构，综合判断遇卡位置，采取合理的方法，科学解卡，降低井控风险和经济损失。

（4）随着气田开发，井筒状况日益恶化，精简仪器串结构是预防气井仪器遇卡的重要努力方向。

参考文献

[1] 陆才发,杨曙东,陶爱华,等. 测井仪一体式滚轮扶正器研究[J]. 装备制造技术,2014(7):22-25.

[2] 张争涛. 测井施工遇卡原因分析与对策[J]. 石油仪器,2014,28(1):93-94.

[3] 徐培刚,程启文,陆应辉,等. 带压井电缆输送管串遇卡分析与处理[J]. 石油矿场机械,2016,45(12):51-54.

(作者:牛步能,中国石油集团测井有限公司长庆分公司,测井高级工程师;孔德博,中国石油集团测井有限公司青海分公司,测井工,技师;刘春斌,中国石油集团测井有限公司长庆分公司,测井工,高级技师;陈绪龙,中国石油集团测井有限公司长庆分公司,测井工程师;王鹏,中国石油集团测井有限公司长庆分公司,测井工,高级技师)

页岩气压裂管汇地面支撑架沉降监测与补偿探索

◆ 李先刚　徐铁军　刘国川　陈　科　邓浩宇

工厂化压裂作业模式，因其经济性和高效性，是川渝地区页岩气开发采用最多的作业模式。该区域作业具有施工排量大、泵注压力高、连续泵注时间长等特点。传统高压管汇因单根额定排量小，在工厂化压裂作业模式中，经济性、安全性和管汇安装便捷性等方面已不能满足作业要求。压裂用大通径高压管汇额定排量 $27.9m^3/min$，单根即可满足页岩气工厂化压裂大排量泵注要求，管汇、阀件减少80%以上，经济性好；管汇阀件间采用钢圈密封、法兰螺栓连接，安全性高；管汇安装采用电动液压扳手等自动化工具，作业人员劳动强度大幅降低。

1 大通径高压管汇面临的问题

由于大通径高压管汇采用法兰螺栓连接，紧固到位后，高压管汇系统为一个刚性整体。在连续数月的工厂化压裂作业过程中，施工期间高压管汇因振动等因素，无法避免支撑着地处出现沉降。特别是与采气树相连的井口大通径"⌐"形管汇，其着地处承载管汇重量特别大，垂直段底部支撑因沉降导致支撑不良。如图1所示，高压管汇的重量，在井口水平段管汇杠杆作用下，集中到连接采气树和大通径管汇的井口法兰螺栓和密封钢圈上，其受力明显不均。螺栓上部受力增大，密封钢圈下部受压增大，会导致该密封钢圈变形、密封失效，带来井控风险。

图1　大通径井口管汇及地面支撑

大通径管汇强度要求高，采用了较大壁厚的钢管，仅直管部分（不包括连接法兰）就重达

510kg/m，水平段和垂直段管汇总重量在 3000kg 以上。如图 2 所示，垂直段底部支撑着地处沉降带来支撑不足，法兰连接螺栓和密封钢圈受力状态发生显著变化。

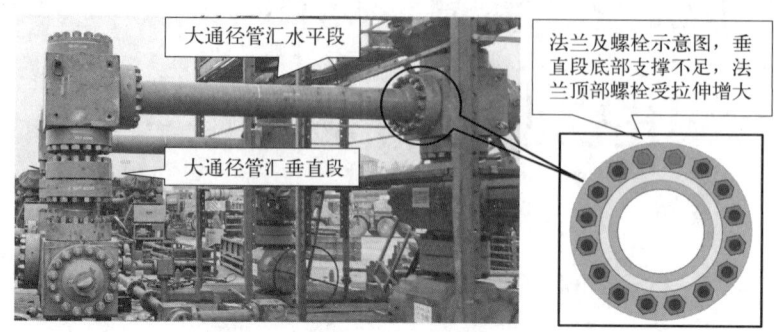

图 2 大通径井口管汇及法兰与采气树连接螺栓示意图

2 改进思路

大通径井口法兰螺栓及密封钢圈受力不均，是因为管汇支撑着地处沉降后支撑不足导致，着地处沉降是管汇自重和振动引起。高泵压下大排量压裂施工作业，管汇振动无法避免，当前技术条件下，还不具备额定工作压力 140MPa，且耐磨、耐腐蚀，兼具轻量化的高压管汇。

地面沉降监测，基建、市政等行业和部门在相对较大的区域和设施上，应用较多，采用的技术手段和措施比较复杂。对于管汇支撑着地处不足 $0.5m^2$ 的局部沉降，没有可直接借鉴的成熟方案。为此，查询大量相关资料，并结合压裂施工现场，形成初步改进思路：制定管汇着地处沉降动态监测方案；根据监测结果，对沉降实施动态补偿。通过以上两点措施保证井口法兰螺栓和密封钢圈受力均匀，避免井控风险。

3 管汇着地处沉降动态监测

由于没有现成、完善的局部沉降监测方法，结合压裂施工现场情况，试用了如下三种方案：

（1）大通径管汇计重法：在大通径管汇垂直段支撑底部安装计重装置，管汇安装完毕，读取并记录计重装置数据。施工作业期间动态观察计重数据变化，如果该数据减小，说明支撑着地处有沉降，支撑不足，如图 3 所示。

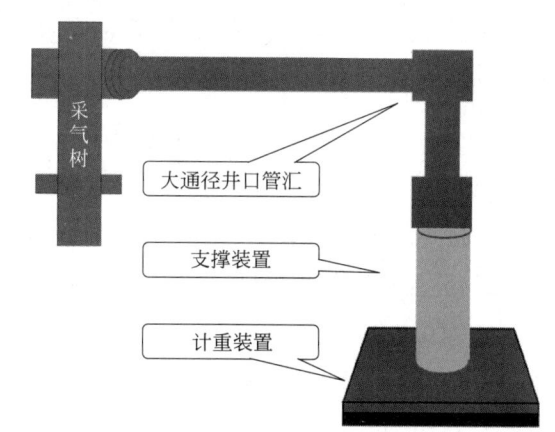

图 3 计重法井口管汇监测示意图

由于压裂作业期间高压管汇持续振动，计重装置读数波动过大，因此该法不能满足现场使用要求。

（2）水平段延伸投影法：该法用光源固定在大通径井口管汇水平段远端，光源向管汇延伸方向发射光束，投影点设置为靶标中心，对靶标可靠固定，并做好标记，如图 4 所示，通过投影点在靶标中心的位置变化，监测地面支撑着地处沉降情况。

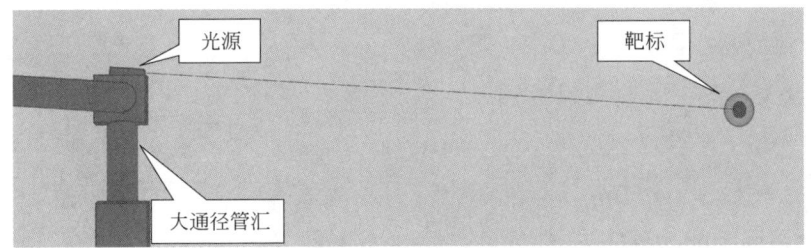

图4 水平段延伸投影法

垂直段高压管汇支撑着地处发生沉降，水平段远端（光源位置）会以采气树为中心向下偏转，投影点光斑会向下偏离靶标中心点，通过观察投影点在靶标上的位置变化，实时反映高压管汇垂直段着地处沉降情况。

（3）法兰螺栓应力监测法：在法兰螺栓端部轴向发射超声信号，并接收返回的超声回波信号，根据该信号变化，计算出螺栓轴向尺寸变化。大通径管汇底部支撑不足时，法兰上部螺栓承受拉力增大，下部螺栓承受拉力减小，拉力差的变化实时反映垂直段支撑着地处沉降情况，如图5所示。

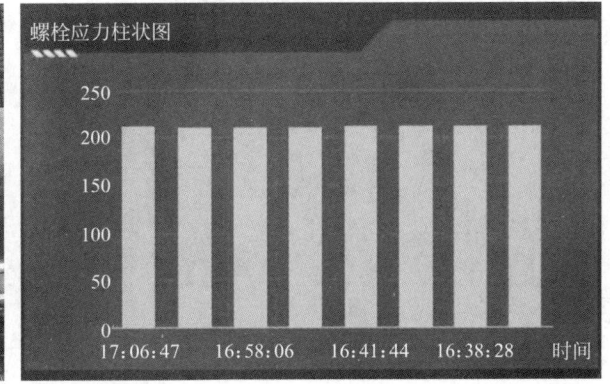

图5 法兰螺栓应力监测

由于法兰螺栓和传感器接触面需涂抹耦合剂，3h左右的长时间施工，耦合剂会变性失效，导致数据读取出现异常。

综合上述三种方法在作业现场试用情况，鉴于水平段延伸投影法所需装置简单，监测效果可靠等优点，优选为本次大通径井口管汇支撑着地处地面沉降监测方案。

4 监测方案实施

经比较，优选了亮度高、可视性好的绿色光源，增加防水设计，安全可靠，通过强磁材料牢固固定在大通径管汇垂直段顶部，拆装便捷。

压裂作业现场液罐多，重量大，位置固定，是固定靶标的理想位置。靶标采用磁性贴片材料制作，吸附于位置合适的液罐表面，并在液罐表面做好记号，确保靶标位置恒定。通过靶标上光源投影的偏移距离可计算支撑着地处沉降，靶标离采气树中心距离越大，对沉降监测越敏感。计算公式如下：

$$d_{沉降}=d_{靶标}\times L_{管汇水平段}/L_{靶标}$$

$d_{沉降}$——支撑着地处沉降高度，m；

$d_{靶标}$——光源在靶标上的偏移距离，m；

$L_{管汇水平段}$——大通径管汇水平段长度，m；

$L_{靶标}$——靶标中心距井口采气树中心距离，m。

5 动态支撑补偿系统

支撑补偿系统由电动液压泵站+液压千斤+机械支撑装置三部分组成，如图6所示。

图6 远控液压千斤和机械支撑组件

电动液压泵站：带自锁功能，采用电磁换向阀，可带压换向，实现升降双作用，升降调节随时切换。

液压千斤：额定负载150t，行程60mm。附件包括升降行程分别为100mm和200mm的升降螺杆各一，锁紧螺母，带球头的上法兰。根据垂直段高压管汇底部离地距离，选用不同长度的升降螺杆。升降螺杆调整到位后，旋转锁紧螺帽到升降螺杆底部锁定，避免退扣。升降螺杆顶部为带球头的上法兰，可自适应倾斜角度，保证与管汇底部紧密贴合，见图7。

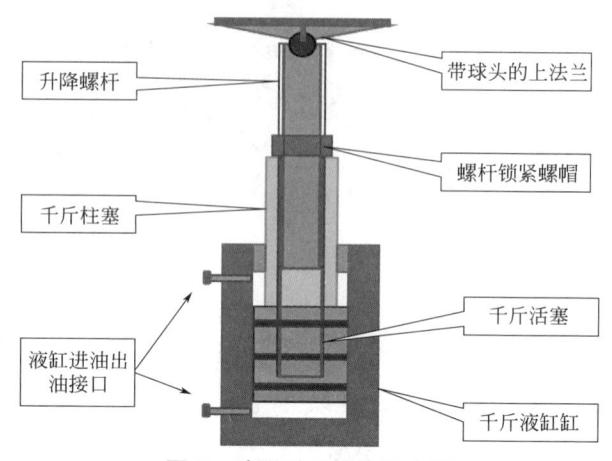

图7 液压千斤结构示意图

机械支撑：为方形钢制底座，增大着地接触面积，四角支撑柱通过螺纹调节高度，顶部支撑大通径井口管汇垂直段底部。远控液压千斤安装于机械支撑中心位置。

电动液压泵站放置于远离井口的安全区，和液压千斤间由液压管线连接。使用前，液缸柱塞行程调整到30mm左右，为施工期间的正负补偿提供空间。通过升降螺杆调节，使螺杆上法兰顶部接触机械支撑底部，用锁紧螺母锁定。作业时，根据光源在靶标中心投影位置变化，得到地面沉降信息，在安全区域操作电动液压泵站远程控制液压千斤柱塞升降，实施支撑补偿，使光源投影回到靶标中心。停泵后调节机械支撑，恢复机械底座对管汇的刚性支撑，保护液压千斤。为达到最精准的操控和补偿效果，对液压千斤液缸、柱塞的直径，液压泵站油泵泵注速度等，做了深入分析和优化。活塞升降速度0.327mm/s，以满足精准、细微的升降控制，保证支撑补偿效果。

2023年4月至9月，在某平台H8-4井、

H6-1井和H6-4井、H5-7井，累计完成113段压裂施工试用，监测数据见表1。

表1 压裂施工监测数据

井号	日期	井段号	连接法兰、靶标间距	沉降监测	支撑补偿	补偿结果	备注
H8-4	4月17日	第3段（总22）	54.7m	下移3mm	无	无	支撑补偿装置未完成制作
	5月25日	第22段		下移2mm	无	无	
H6-1	6月5日	第3段（总28）	39.8m	下移3mm	是	正常	
	6月11日	第11段（总28）		下移2mm	是	正常	
H6-4	7月1日	第4段（总35）	40.8m	下移2mm	是	正常	第一段未施工
	7月14日	第9段（总35）		下移2mm	是	正常	
	7月21日	第18段（总35）		下移2mm	是	正常	
H5-7	8月31日	第6段（总28）	48.3m	下移3mm	是	正常	
	9月3日	第11段（总28）		下移2mm	是	正常	

从已实施的1井次22段沉降监测，3井次91段沉降监测及支撑补偿，共计113段试用统计发现，延伸投影法能动态监测到大通径高压井口管汇着地处沉降，初次沉降多数发生在压裂施工开始后4段左右（泵注约12h），后续沉降发生时间间隔逐渐增大。根据监测数据，及时调节、补偿高压井口管汇底部支撑，避免法兰螺栓和密封钢圈受力不均带来的井控风险，实现了预期目的。

由于大通径井口高压管汇地面沉降监测及补偿方法为初次试用，还有很大提升空间。后续将进一步完善，朝着根据沉降监测数据，利用计算机自动控制沉降补偿系统升降的方向努力，保证管汇底部可靠支撑，消除井控安全隐患。

参考文献

[1] 张青锋,张宏桥,王志喜,等.压裂井口管汇连接技术分析及对比.石油矿藏机械，2022,51,(4)：84-90.

[2] 张宏桥,樊春明,邓荣,等.国内外高压管汇连接发展现状及趋势.机械工程师，2022,10：155-158.

[3] 宋全友.深层页岩气压裂新型高压管汇研制与应用.江汉石油职工大学学报2019,32,(6)：18-21.

(作者：李先刚，川庆钻探井下作业公司，井下作业工，特级技师；徐铁军，川庆钻探井下作业公司，井下作业工，高级技师；刘国川，川庆钻探井下作业公司，机械工程师；陈科，川庆钻探井下作业公司，井下作业工，高级技师；邓浩宇，四川省瑞能石油工程技术服务有限公司，井下作业工，初级工)

基于 TRIZ 理论的可泄油抽油泵研发与应用

◆ 刘勇 韩雪 陈祥 王亚军 于海山

随着国家新安全、环保相关法律法规的完善，油田对井下作业安全、环保的重视度越来越高，环保作业技术得到了突飞猛进的发展[1-10]，但仍处于起步阶段，很多产品通常采用折中的方案，并没有从根源上解决现场存在的问题。快速研发新的从根源上解决问题的技术产品，已经成为当前井下作业安全环保施工的迫切需求。TRIZ 理论在油田的推广应用，起到了关键作用，不仅在产品的创新层次和质量上得到了显著提升，而且在专利规避问题上起到了关键作用。

1 问题描述

为解决油田修井作业过程中，抽油泵泵筒及其上部油管内存储的大量原油被带至地面，造成环保施工费用增加和资源浪费的问题，现场采用了一种在抽油泵固定阀上部加装泄油器的方法，在油井需要作业的时候，投放抽油杆砸断泄油销钉来泄出泵筒及上部油管内的原油。

但是，改装后的可泄油抽油泵是通过孔的方式实现泄油，而泄油孔在 1500m 左右井深的复杂的环境下，由于温度、压力及腐蚀性影响密封容易失效，造成抽油泵漏失。采用泄油孔这种折中的方式并不适合油田的长远发展，让抽油泵利用自身的空洞实现泄油，没有密封漏失隐患，既能保障正常生产需求，又能在作业需要泄油时完全泄出泵筒及油管内的原油，避免原油带到地面对环境造成污染，是油田环保作业技术的理想解决方案。

因此，针对上述问题，确定了泵身不开孔的可泄油抽油泵的研究方向，从根源上解决泄油问题，而不是再采取借助泄油器的泄油孔泄油这种折中方式，也就避免了研究泄油孔密封这一折中方案。

2 系统功能分析

确定当前研究的技术系统为撞击式可泄油抽油泵系统，正常生产时的功能是举升石油，检泵作业时的功能是泄出石油。

2.1 组件分析

撞击式可泄油抽油泵的组件见表1。

表1 可泄油抽油泵组件列表

当前系统	系统组件	超系统组件
撞击式可泄油抽油泵	泵筒、固定阀球、固定阀座、固定阀罩、固定阀外筒、下接头、泄油器、柱塞	油管、抽油杆、石油

对各组件间的相互作用进行分析，见表2。

表2 撞击式可泄油抽油泵组件相互作用列表

组件	泵筒	固定阀罩	固定阀球	固定阀座	固定阀外筒	下接头	石油	油管	泄油器	抽油杆	柱塞
泵筒		-	-	-	-	-	+	+	+	-	+
固定阀罩	-		+	-	+	-	-	-	-	-	-
固定阀球	-	+		+	-	-	+	-	-	-	-
固定阀座	-	-	+		+	+	+	-	-	-	-
固定阀外筒	-	+	-	+		+	+	-	+	-	-
下接头	-	-	-	+	+		+	-	-	-	-
石油	+	-	+	+	+	+		+	+	-	+
油管	+	-	-	-	-	-	+		-	-	-
泄油器	+	-	-	-	+	-	+	-		-	-
抽油杆	-	-	-	-	-	-	-	-	-		+
柱塞	+	-	-	-	-	-	+	-	-	+	

2.2 功能建模

通过对组件相互作用分析中有相互作用的各对组件进行功能分析，判断组件之间是否存在功能、功能种类与功能水平，并建立撞击式可泄油抽油泵的语言描述功能模型清单（表3）和功能模型图（图1）。

表3 撞击式可泄油抽油泵功能模型描述清单

序号	功能载体	功能	功能客体	参数	种类	水平
1	油管	连接	泵筒	位置	有用	正常
2	油管	导向	石油	方向	有用	正常
3	泵筒	连接	泄油器	位置	有用	正常
4	泵筒	导向	石油	方向	有用	正常
5	泵筒	导向	柱塞	方向	有用	正常
6	泄油器	连接	固定阀外筒	位置	有用	正常
7	泄油器	泄出	石油	体积	有用	过度
8	泄油器	导向	石油	方向	有用	正常
9	固定阀外筒	固定	固定阀罩	位置	有用	正常
10	固定阀外筒	导向	石油	方向	有用	正常
11	固定阀外筒	连接	下接头	位置	有用	正常
12	固定阀外筒	固定	固定阀座	位置	有用	正常
13	固定阀罩	阻挡	固定阀球	位置	有用	正常
14	固定阀球	阻挡	石油	体积	有用	正常
15	固定阀座	支撑	固定阀球	位置	有用	正常
16	固定阀座	导向	石油	方向	有用	正常
17	下接头	支撑	固定阀座	位置	有用	正常
18	下接头	导向	石油	方向	有用	正常
19	柱塞	抽吸	石油	体积	有用	不足
20	抽油杆	固定	柱塞	位置	有用	正常

由功能分析可以得出：带撞击式泄油器的可泄油抽油泵在生产运行时，泄油器泄出石油的功能过度，并由此造成了柱塞抽吸石油作用不足，抽油泵失效。

3 系统裁剪

从抽油泵系统的工作原理出发，固定阀座的

中心孔是石油进入泵筒的通道，如果还能通过这个通道泄出石油，就实现了泵身不开孔泄油。固定阀球与固定阀座的组合在生产时不存在漏失风险，且位置位于抽油泵底部，避免了泵身开孔带来的漏失隐患和泄油不完全的问题。因此，可以裁剪掉泄油器，将泄油功能转移给其他组件，得到相应的裁剪模型。

筒内设计上下两套固定阀，上部固定阀负责正常生产，下部固定阀负责泄油；将底部固定阀球用销钉固定，正常生产时处于坐封状态，泄油通道关闭；泄油时通过油管正打压开启，连通泄油通道与油套环空。

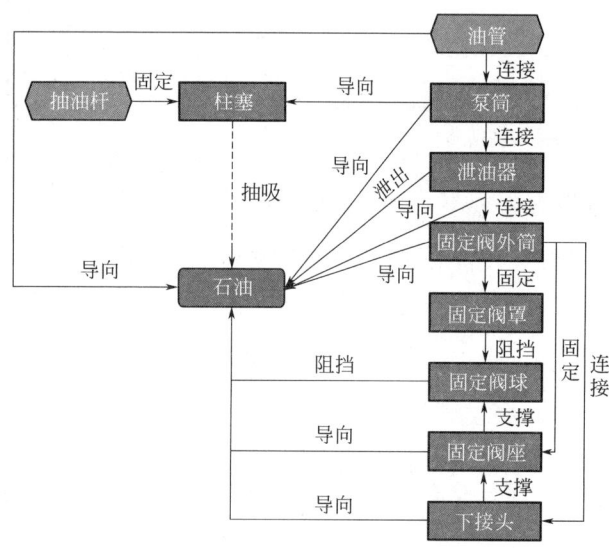

图 1　撞击式可泄油抽油泵功能模型图

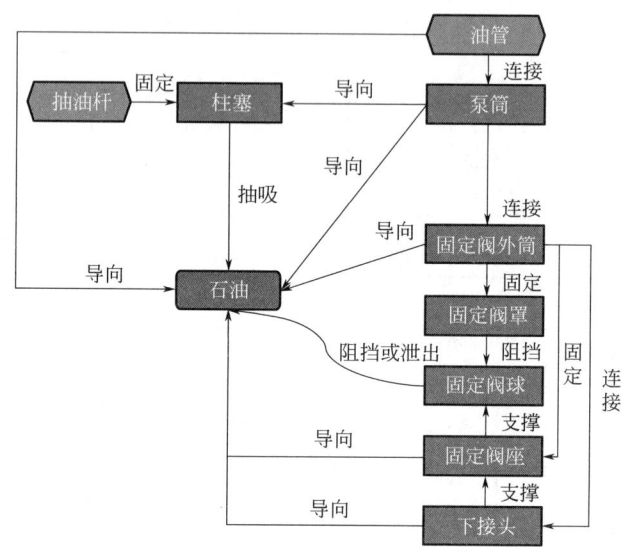

图 2　裁剪模型一

3.1　功能转移给固定阀球

应用裁剪规则 C：如果另一个组件可以执行它的有用功能，其功能载体可以被裁剪掉。将撞击式可泄油抽油泵内泄油器的泄油功能转移给固定阀球，得到裁剪模型见图2。

经过裁剪及功能转移，得到裁剪问题：固定阀球泄出石油。如果使用固定阀球泄油，就能将进油通道转变为泄油通道，从而实现完全泄油的效果。由此提出技术思路：双固定阀型可泄油抽油泵。

方案1：双固定阀锥台型可泄油抽油泵（图3）。

在固定阀外筒内嵌套一个锥台筒结构，在锥

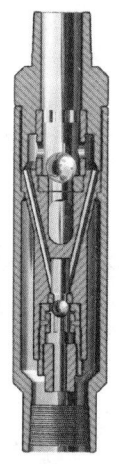

图 3　双固定阀锥台型可泄油抽油泵固定阀部分结构图

方案2：双固定阀偏心型开启固定阀球泄油式可泄油抽油泵（图4）。

在方案1的基础上，增加不对称性来加大泄油通道的半径，增加泄油速度，其泄油原理与方案1相同，均为油管正打压泄油技术。

图 4 双固定阀偏心型可泄油抽油泵固定阀部分结构图

3.2 功能转移给固定阀罩

应用裁剪规则 C：如果另一个组件可以执行它的有用功能，其功能载体可以被裁剪掉。将撞击式可泄油抽油泵内泄油器的泄油功能转移给固定阀罩，得到裁剪模型见图 5。

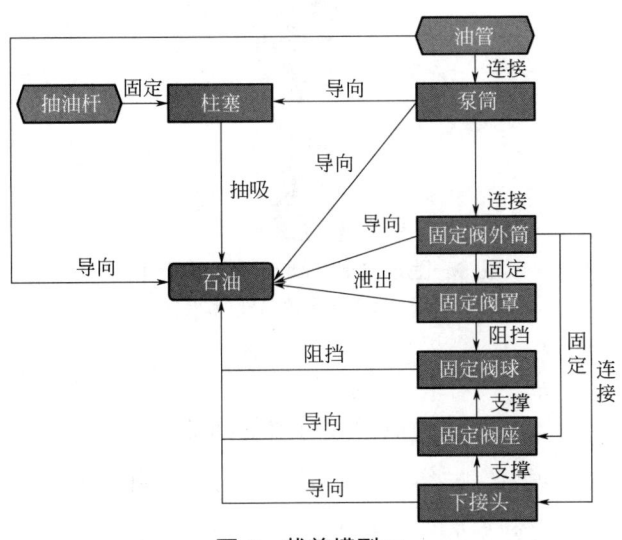

图 5 裁剪模型二

经过裁剪及功能转移，得到裁剪问题：固定阀罩泄出石油。如果使用固定阀罩打开固定阀球泄油，就能将进油通道转变为泄油通道，从而实现完全泄油的效果。从抽油泵固定阀球与固定阀座的坐封方式可以分析得出，以触点的方式在一侧推动固定阀球，结构设计简单，并且泄压开启固定阀球十分容易。由此提出技术思路：开启固定阀球型可泄油抽油泵。

方案3：撞击筒型可泄油抽油泵（图6）。

该方案通过在固定阀外内嵌套撞击筒的方式，用撞击筒一侧的撞击爪接受撞击弯曲，从一侧推动固定阀球泄压开启，并通过弯曲抬起固定阀球，保持固定阀球位置始终在固定阀座的一侧，露出固定阀座中心孔来泄油。这种设计的固定阀罩与撞击筒为组装式设计，在其上部设计了短接部分，采用斜坡孔方式，防止柱塞下行误撞撞击筒泄油。在作业需要泄油时，起出抽油杆柱塞，投放去掉接头的抽油杆，撞击筒与固定阀罩组成一体的撞击筒开启固定阀球泄油。

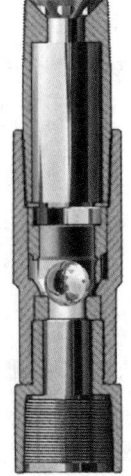

图 6 撞击筒型可泄油抽油泵固定阀部分结构图

3.3 功能转移给固定阀座

应用裁剪规则 C：如果另一个组件可以执行它的有用功能，其功能载体可以被裁剪掉。将撞击式可泄油抽油泵内泄油器的泄油功能转移给固定阀座，得到裁剪模型见图 7。

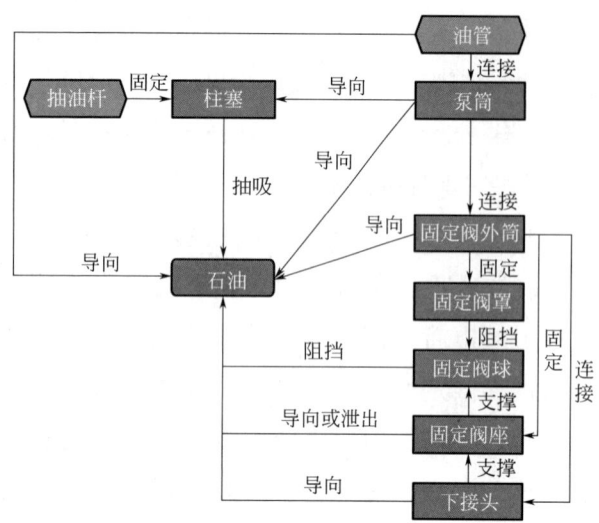

图7 裁剪模型三

经过裁剪及功能转移,得到裁剪问题:固定阀座泄出石油。如果使固定阀座与固定阀球解封,就能将进油通道转变为泄油通道,从而实现完全泄油的效果。由此提出技术思路:分离固定阀座型可泄油抽油泵。

方案4:固定阀座下降型可泄油抽油泵(图8)。

该方案将固定阀座分成两个环,两个环之间用销钉固定。正常生产时,固定阀座两个环为一个整体,中心孔小,保证固定阀球的正常开启与坐封;作业需要泄油时,通过油管正打压方式打断销钉,使固定阀座两环分离,内环掉落,形成大孔,连通有套环空,固定阀球不随阀座内环掉落,通过四周设计的空洞来泄油。

方案5:固定阀球与阀座下降型可泄油抽油泵(图9)。

该方案设计与方案4基本相同,区别在于固定阀球随阀座内环掉落,可形成较大的泄油通道。为防止固定阀座与固定阀球掉落后仍然坐封石油,在下部设置了一个四周开孔的短接,即便下部仍然坐封,石油也可以从短接的四周空洞泄出。该设计的特点是泄油孔道大、泄油速度快、

泄油完全。

图8 固定阀座下降型可泄油抽油泵固定阀部分结构图

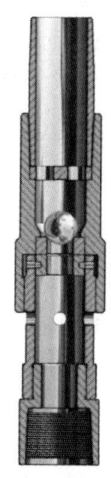

图9 固定阀球与阀座下降型可泄油抽油泵固定阀部分结构图

通过以系统功能分析及系统裁剪的应用,对泵身开孔泄油的撞击式可泄油抽油泵产品进行了专利规避,共得到5种采用泵身不开孔泄油的方式,用开启固定阀球的方法从根源上解决原有完全泄出的问题,技术可靠、泄油成功率高。这5种方案可归纳为3种结构设计,2种打开方式。其中,方案1与方案2采用双固定阀结构,利用油管正打压的方式开启泄油;方案3采用撞击筒结构,利用投放抽油杆装机的方式开启泄油;方

案4与方案5采用固定阀座可分离结构，利用油管正打压的方式开启泄油。

4 方案的实施效果

通过5种方案的对比，优选方案1、2、5进行试验实施。对两种类型的可泄油抽油泵进行了室内试验，分别进行打压测试和冲击测试。打压测试压力在25MPa下，销钉剪断，下部固定阀球释放，达到设计要求；冲击测试满足≥150N时，撞击爪发生弯曲顺利撬起固定阀球，达到试验目的。

各选取10口试验井，进行了两种双固定阀可泄油抽油泵的现场试验。

双固定阀偏心型可开启固定阀球泄油抽油泵试验，在地面进行油管正打压16MPa时销钉剪断泄油，泵深1100m，大约9MPa的液注压力，销钉受到的总压力约为25MPa，与设计值相符。油管起出过程中，无流动石油带出井口，抽油泵起出后，泵内无残余石油，达到预期目标。

撞击筒型可泄油抽油泵试验5口井，投放一根3m去掉接头的25mm直径抽油杆，撞击爪弯曲顺利开启固定阀球，抽油泵起出后，泵内无残余石油，达到预期目标。

两种类型的可泄油抽油泵试验均取得成功，可根据井况选择适用的泄油泵，能够实现在泵身不开孔的条件下原油完全泄入井筒内，流动原油不出井筒，平均单井清洁作业时间节约5.5h，平均创经济效益6810.6元/井。

5 结论

（1）通过TRIZ理论的应用，研究了泵身不开孔的可泄油抽油泵，在作业需要泄油时，将自身进油通道转化为泄油通道，实现油管及抽油泵内石油完全泄入套管内的效果，为油田环保作业提供了技术可靠、成本低廉的泄油方式，具有安全环保施工、降低劳动强度、节约能源的意义。

（2）TRIZ理论的应用，不采用折中的方式掩盖问题，而是透过现象找到问题的本质，从根源上解决问题，提升问题解决的理想度，用最小的改动、最小的成本，完成问题的最佳解决。

参考文献

[1] 于海山，王庆太. 杆、管在线清洗环保作业技术研究与应用[J]. 石油石化节能，2018，8（8）：67-69.

[2] 于海山，郭晓娟. 油田环保作业技术研究[J]. 石油石化节能，2018，8（7）：38-40.

[3] 于海山. 提升井下作业管理质量的探索[J]. 石油工业技术监督，2018，34（7）：13-17.

[4] 刘勇. 液压式泄油环保装置的研究与应用[J]. 石油石化节能，2019，9（2）：61-62.

[5] 何武. 油管清洗泄油装置的研制与应用[J]. 石油石化节能，2018，8（12）：26-27.

[6] 范明理，卢晓辉，陈勇，等. 新型液压泄油器的研制及应用[J]. 石油化工应用，2017，8（2）：73-76.

[7] 李建雄，孙飞，李传乐，等. 可关闭旋转式泄油器的研制与应用[J]. 石油钻采工艺，2015，32（5）：128-130.

[8] 梁猛. 提拉式泄油装置的研制与应用[J]. 石油石化节能，2018，6（10）：60-62.

[9] 关天势，畅会，屿强. 抽油泵泄油阀

的现场试验应用[J]. 石油石化节能，2014（4）：7-8.

[10] 曲占庆，王在强 强，潘宏文，等. 油管锚工艺的应用分析[J]. 石油矿场机械，2006，35（1）：81-83.

（作者：刘勇，大庆油田第八采油厂，采油工，高级技师；韩雪，大庆油田第八采油厂，集输工，技师；陈祥，大庆油田第八采油厂，采油测试工，首席技师；王亚军，大庆油田第八采油厂，采油工，高级技师；于海山，大庆油田第八采油厂，采油高级工程师）

钻井液脉冲波技术在井内落物打捞中的应用

◆ 尹立山 汲红军 林兵兵 武建军 王立新

测井（射孔）打捞作业施工中，电缆（绳）落井在工程事故中占一定的比例。处理此类事故，通常使用电缆（绳）打捞矛，配接管（钻）柱进行打捞作业，如处理不当，极易发生打捞失败或造成次生事故。在进行电缆打捞时，一般首先通过摸鱼仪器下井测量电缆（绳）鱼顶位置，测井作业队使用打捞矛配接在管（钻）柱上进行打捞作业。打捞矛下到预定深度，转动工具使电缆缠挂在工具上，然后上提。打捞工程师通过地面张力系统指示的管（钻）柱悬重分析，判断是否抓取成功[1]。相对于被打捞电缆（绳）重量而言，所用张力系统设备敏感度低，误差比较大，不能精准判断。例如，被打捞物体重量为1~2t时，由于受管（钻）柱的自身重量影响，张力计或者拉力计对被打捞物体重量不敏感，且误差较大，不能精准判断。当井下电缆（绳）被分割为多段，被打捞的电缆（绳）重量会更轻，很难通过管（钻）柱悬重的增量来判断打捞是否成功[2]。经常会发生判断已抓取电缆（绳）成功，上提管（钻）柱却没有成功的情况，导致时间、成本的增大。还有一种情况是电缆（绳）已经缠绕在打捞矛上，由于这段电缆（绳）重量较轻，管（钻）柱上提时，在悬重上没有发生变化，继续下放管（钻）柱，进行再次打捞，导致重复缠绕形成电缆（绳）堆积过大，造成管（钻）柱难以上提，发生卡钻，形成次生事故。通过以上技术分析，在进行电缆（绳）打捞时，有必要将井下打捞状态信息及时并真实反馈给打捞工程师，实时快速掌握井下打捞电缆（绳）状态，提高打捞成功率[3]。

1 电缆（绳）打捞状态辅助判断系统

在进行电缆（绳）打捞时，当电缆（绳）缠绕打捞矛后上提管（钻）柱，打捞矛主要受到电缆（绳）的自身重力、卡点（仪器或缆绳）的拉力、电缆（绳）缠绕打捞矛形成堆积与井壁产生的摩擦力等。尽管以上几种力相比于钻（管）柱的悬重非常小，采用有效手段，能够让打捞工程师进行识别，解决电缆（绳）打捞过程中判断方法不足的问题[4]。

通过对打捞矛的受力分析，建立研究模型，在钻（管）柱底部设计一个辅助判断系统，该系统安装位置最大限度接近打捞矛，从而快速响应打捞矛的状态。针对打捞工艺环境，在辅助判断系统中避免使用电源及电子元器件；针对打捞工艺的复杂性，要保证辅助判断系统结构及强度，不会对现有的打捞工艺造成影响[5]。该研究模型关键技术是辅助判断系统所测量的数据如何快速、准确传输到地面。在当前油气田开发中，井下测量的数据传输到地面的技术手段有钻井液脉冲波、电磁波、声波等方式，最广泛的就是钻井液脉冲波传输技术的应用，它的原理是改变钻（管）柱间钻井液流通截面积，引起钻（管）柱间的钻井液压力变化，进行信号传输[6]。

本文介绍一种应用钻井液脉冲波技术，以机械结构作为钻井液脉冲波信号源，设计而成的电缆（绳）打捞状态辅助判断系统。该系统由辅助判断打捞矛和泵压监测装置两部分组成。

1.1 辅助判断打捞矛构成

辅助判断打捞矛（图1）由矛体部分和判断部分两部分组成。

矛体部分由打捞矛杆和矛钩组成。判断部分由4个部分组成，分别是复位结构、定位结构、常开泄压通道、动态泄压通道。

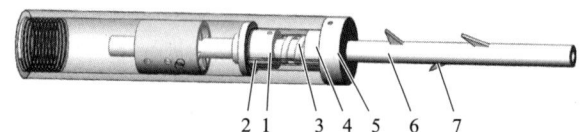

图1 辅助判断打捞矛内部结构示意图
1—定位器；2—定位滑道；3—复位弹簧；4—限位器；
5—底座；6—矛杆；7—矛钩

复位结构由复位弹簧、定位器、限位器、底座等部件组成。矛杆穿过底座中间的通孔，进入打捞矛主体内部，定位器固定在矛杆上，复位弹簧安装在定位器和底座之间，对定位器起到支撑和复位作用；限位器安装于复位弹簧外侧，起到阻止定位器下移，防止过度压缩复位弹簧的作用。复位结构的初始状态是在受复位弹簧的弹性作用下，定位器被顶起，弹簧力量通过参数选择，作为判断装置的工作范围。当打捞矛受到向下的拉力，矛杆带动定位器下移，克服复位弹簧的弹力，当定位器与限位器接触，限位器会阻止定位器继续移动，对定位器形成刚性支撑。当打捞矛受到向下的拉力消失，在弹簧的弹力作用下，定位器被弹起并上移，实现了打捞矛的复位功能。

定位结构由定位器、定位滑道、定位套组成。定位器与定位套同轴配合，定位器限制在定位套中，纵向可自由移动，受定位滑道的限制，定位器不能进行转动，实现了打捞矛在井内随管（钻）柱同步转动，进行打捞作业。

常开泄压通道由矛杆、水眼组成（图2）。在打捞矛主体内部有一个空腔，矛杆插入空腔中，钻井液通过水眼排出到井筒内，该通道为常开通道，满足施工中随时要进行钻井液循环的要求。

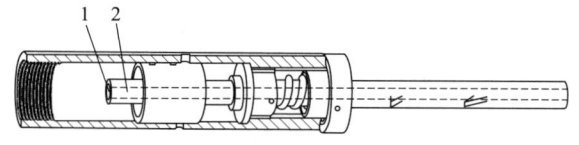

图2 常开泄压通道结构示意图
1—水眼；2—矛杆

动态泄压通道采用嵌套原理设计而成（图3），由打捞矛主体、嵌套、矛杆等组成。在打捞矛主体有一个外筒泄压孔，在嵌套上有纵向排列的多个动态泄压孔。嵌套通过连杆固定在矛杆上，矛杆的上下移动带动嵌套进行上下移动。初始状态下动态泄压孔与外筒泄压孔不连通，在受到外力时，矛杆下移带动嵌套下移，使动态泄压孔与外筒泄压孔依次连通。为了使泵压变化更加明显，在不影响安全的情况下，可设计多个泄压孔，使流通截面积变大，有利于观测。

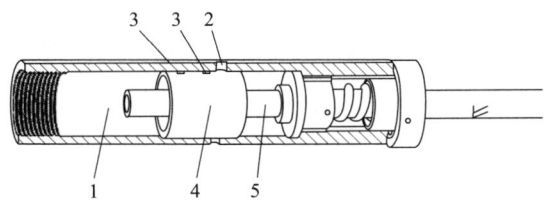

图3 动态泄压通道结构示意图
1—打捞矛主体；2—外筒泄压孔；3—动态泄压孔；
4—嵌套；5—矛杆

1.2 泵压监测装置构成

泵压监测装置由地面数据处理仪和压力传感器两部分组成。压力传感器安装于立管上，实时测量管线中钻井液的压力变化，信号经过转换后将压力信息通过数据线传递到地面数据处理仪，经过数据处理仪计算，形成泵压与时间变化的曲线。

2 电缆（绳）打捞状态辅助判断系统工作原理

电缆（绳）打捞作业施工时，首先确定电缆（绳）落鱼顶端位置，一般裸眼井采用感应、电极等仪器下探鱼头位置。套管井采用磁定位等仪器下探鱼头位置，辅助经验公式计算等方法综合判断。将本装置固定在管（钻）柱下，随管（钻）柱下过鱼顶位置一定距离，旋转管（钻）柱2～3圈，目的是让电缆（绳）能够缠绕在矛钩上。执行旋转操作后，缓慢上提管（钻）柱，打捞工程师观察悬重表变化的同时，观测泵压变化曲线。如果成功捞取到电缆（绳），上提管（钻）柱，在重力作用下会下拉矛杆，矛杆带动嵌套，使嵌套上纵向排列的泄压孔与外筒的泄压孔连通或错位，引起钻（管）柱间钻井液流通截面积发生变化，使泵压产生下降与上升的变化，通过变化量实现辅助判断是否打捞成功。为了满足生产需求，辅助判断方式采用静态和动态两种测量模式。

2.1 动态测量判断模式

该模式应用于打捞的同时进行钻井液循环，在打捞作业时，当电缆（绳）缠绕在打捞矛上[7]，上提管（钻）柱，在井下电缆（绳）重量和拉力作用下，会使伸缩筒下移，主体泄压孔与嵌套泄压孔连通，见图4（b），此时井队在打捞的同时进行钻井液循环，由于泄压通道流通截面积增大，泵压会下降；继续上提管（钻）柱，嵌套受力而下移，导致主体泄压孔与嵌套泄压孔错位，泄压通道流通截面积变小，见图4（c），泵压会升高；继续上提管（钻）柱，嵌套下移，下一个主体泄压孔与嵌套泄压孔连通，见图4（d），同理使泵压下降，受限位器作用，嵌套会固定在此位置，使泵压保持。

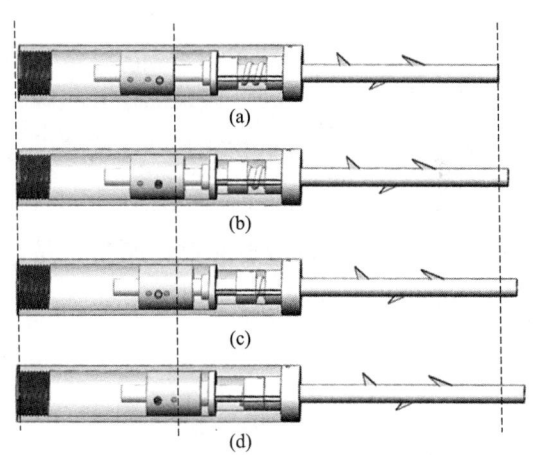

图4 动态测量嵌套位置示意图

在数据处理界面会显示一条钻井液压力变化的脉冲曲线，见图5（a）。在没有捞取成功电缆（绳）时，打捞矛没有受到外力使嵌套发生位移，即泄压通道流通截面积保持不变，泵压不发生变化，数据处理界面会显示一个随时间不变化的钻井液压力曲线，见图5（b）。

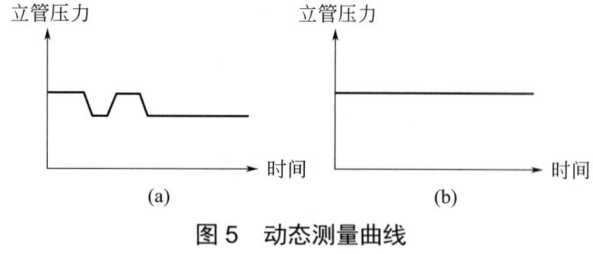

图 5 动态测量曲线

2.2 静态测量判断模式

为了避免对井壁的损伤或影响打捞效果而不能在打捞时开泵进行循环的特殊情况，宜采用静态泵压测量方法进行判断。首先在距离预定打捞深度某一固定位置作为参考深度，以 20m 为例，采用固定的泵冲进行压力采集，测量出泵压数据作为标称值。下放打捞工具到预定打捞深度，通过旋转管（钻）柱[8]，使用打捞矛对井下电缆（绳）抓取，执行此操作后将打捞矛提升到参考深度，开泵施加固定的泵冲，测量泵压数据，如果测量出的泵压数值前后没有变化，见图 6（b），说明内外泄压孔位置没有发生变化，打捞矛没有受到来自井下落物的拉力。如果测量泵压数值变小，说明打捞矛下部有重物向下拉打捞矛，导致嵌套发生位移变化，内外泄压孔连通引起泵压下降，见图 6（a），通过数据对比可判断出是否成功打捞电缆（绳），实现静态辅助判断。

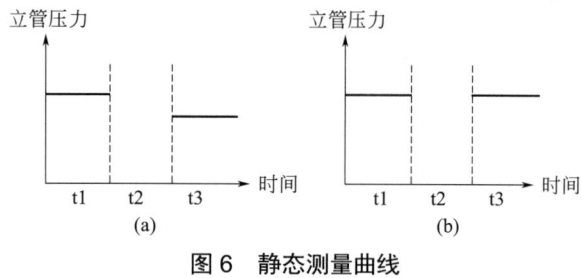

图 6 静态测量曲线

3 结论

本系统采用机械结构产生钻井液脉冲波，通过连续观测泵压变化，实现电缆（绳）打捞作业状态监测。打捞判断工具可配接多种型号的打捞矛使用，没有电源及电子元器件，结构简单、性能可靠，提高了电缆（绳）打捞施工工艺的技术水平，可推广应用于测井、测试、射孔、井下作业等裸眼井、套管井电缆（绳）类打捞事故处理中，有助于缩短打捞作业时间、提高井下落物打捞成功率。

参考文献

[1] 何福耀，黄召，雷磊. 打捞落井测井仪器和电缆作业实践 [J]. 海洋石油，2018，38（2）：77-82.

[2] 张峰. 浅谈测井施工遇卡事故预防及处理技术 [J]. 内蒙古石油化工，2018，44（8）：86-90.

[3] 陈永才，朱佩清. 裸眼测井遇卡处理方法剖析 [J]. 测井技术，2000，（4）：315.

[4] 王树飞. 关于油井打捞作业的探讨 [J]. 石化技术. 2016-02-28.

[5] 李艾星. 油田井下打捞作业与其工具改进探析 [J]. 科技与企业，2015（9）：152.

[6] 张诒民. 无线随钻测量泥浆脉冲传输方式工作原 [J]. 科学导报－学术. 2019 年第 51 期.

[7] 罗荣. 测井电缆工程事故预防配套工具设计与应用 [J]. 石油仪器，2012，26（6）：7-9.

[8] 聂家政. 浅谈穿心式打捞测井电缆、仪器工艺 [J]. 江汉石油科技，1994，（9）：64-65.

（作者：尹立山，中国石油集团测井有限公司，测井工，技师；汲红军，大庆油田有限责任公司，采油工，高级技师；林兵兵，中国石油集团测井有限公司，仪修工程师；武建军，中国石油集团测井有限公司，测井工，高级技师；王立新，中国石油集团测井有限公司，测井工，高级技师）

柱塞泵组合阀安全防脱机构的研制与应用

◆ 李金艳 姜 平 李 欢

本文介绍了一种柱塞泵组合阀安全防脱机构的研制，它利用阀座制作安全防脱机构，应用预先作用原理，增加限位片提前对螺母进行保护，有效防止掉落的零件损坏其他零件，影响柱塞泵正常生产。

1 提出问题和分析原因

1.1 提出问题

柱塞泵在运行过程中，由于振动、高压水冲击等原因会造成注水泵液力端里面的配件松动掉落等情况发生，轻则造成泵压降低影响生产，重则掉落零件导致注水泵严重损坏，造成安全隐患（图1）。

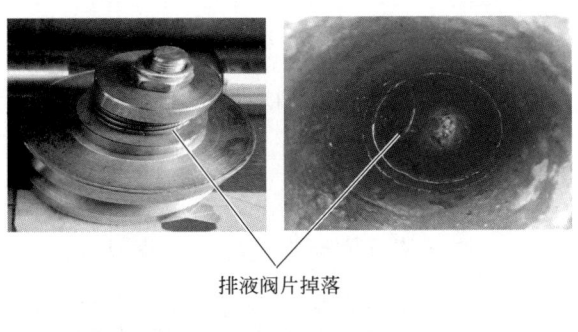

进液阀片损坏
排液阀片掉落
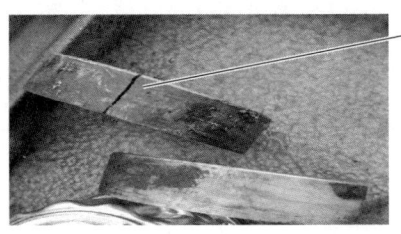
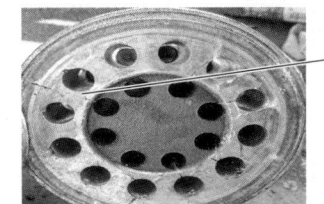
导向环损坏
阀座体损坏

图1 原柱塞泵阀座现场实物图片

1.2 分析原因

柱塞泵运行中由于振动过大,其固定螺母脱落,阀座零件易出现松动掉落等现象,导致注水泵液力端内的配件柱塞、导向环、组合阀及夹布胶圈等配件受到损坏,操作员工如果不及时发现,对柱塞泵的安全运行易造成隐患,直接影响注水泵正常运行及工作时效。

针对上述问题,计划研制柱塞泵组合阀安全防脱机构,主要根据柱塞泵振动产生固定螺母脱落和阀座零件松动掉落等现象,导致注水泵液力端内配件受到损坏,直接影响注水泵功效及安全等问题,对柱塞泵阀座装置进行改进,从而有效防止柱塞泵组合阀运行中的脱落现象。

2 解决措施

2.1 结构组成

该柱塞泵组合阀安全防脱机构,主要是由高压阀座、排液阀片、弹簧、螺栓、弹簧座、弹簧座锁紧螺母、限位片、弹簧座固定槽等8部分组成,如图2和图3所示。

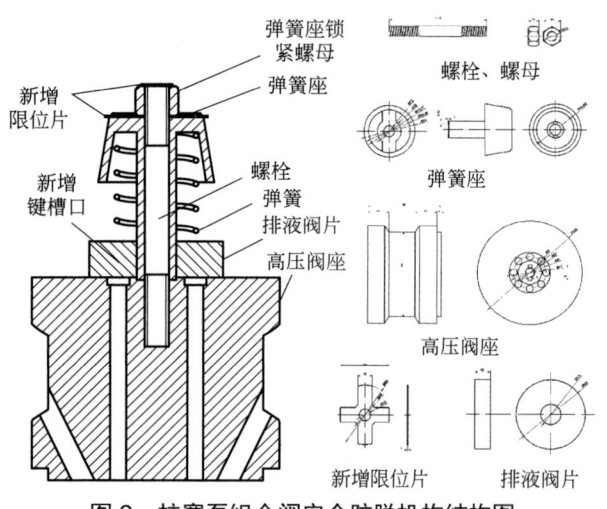

图2 柱塞泵组合阀安全防脱机构结构图

图3 柱塞泵组合阀安全防脱机现场实物图

2.2 工作原理

该柱塞泵组合阀安全防脱机构的工作原理是:首先在阀座上安装螺丝杆,随后将排液阀片套入,安装弹簧座将弹簧座下部放入阀座键槽口处,键槽口能够将弹簧座固定在其位置使其不能随意晃动,将限位片一侧放入弹簧座顶部槽内,紧固弹簧座固定螺栓,将限位片固定螺栓的挡片调整到位,这样螺栓、螺杆被限位片固定成一体,不论液力端振动、高压水冲击,螺母都不会松动掉落,可有效防止掉落的零件损坏其他零件,影响注水泵正常生产,从而保证安全。

该柱塞泵组合阀安全防脱机构是应用预先作用原理,增加限位片提前对螺母进行保护,防止掉落,影响柱塞泵正常生产。

原结构柱塞泵在运行中,振动、高压水冲击等原因造成液力端内阀座固定螺栓松动掉落,从而造成生产压力达不到正常值,却存在较大的安全隐患。该柱塞泵组合阀安全防脱机构成功解决了这个问题。

3 现场实践

2019年3月至今,柱塞泵组合阀安全防脱机构在大庆油田某作业区宋Ⅱ-1中转站使用，5ZB5柱塞泵1台注水泵上使用1套。该装置使用后，柱塞泵内螺母和阀座损坏率大大降低，减少因更换柱塞泵配件掉落导致影响柱塞泵运行时率，更换时间大幅度缩短。原来由于柱塞泵螺母等配件掉落，需要停泵更换柱塞、导向环、组合阀及夹布胶圈等，需要120min完成更换，现在30min即可完成更换，生产效率大大提高。

4 取得的效果

4.1 经济效益

目前该柱塞泵组合阀安全防脱机构在第三作业区宋Ⅱ-1中转站使用1套，一年内未发生丢失配件现象，年节约维修费用1万余元。

4.2 社会效益

使用该柱塞泵组合阀安全防脱机构，解决了因更换柱塞泵配件掉落导致柱塞泵运行时率低下，更换时间大幅度缩短，能够提高设备工作效率，降低员工劳动强度。

5 结论

该柱塞泵组合阀安全防脱机构自使用以来，可达到结构简单，加工方便，重复使用，节约成本的优点。同时还可减轻员工劳动强度，有效减少环境污染，适宜全油田推广，满足安全生产需要，推广意义极大。

（作者：李金艳，大庆油田第三采油厂，集输工，高级技师；姜平，大庆油田第一采油厂，维修电工，高级技师；李欢，大庆油田第一采油厂，集输工，高级技师）

提升螺杆泵井运行效率技术研究与应用

◆ 李秉军 曾庆伟 王振东 徐涛 吴桂强

1 问题的提出

螺杆泵采油技术以其工艺简单、管理方便,适应于高黏度、高含砂,开采一次性投资少、采油效率高、能耗低、结构简单,作业、安装、维修方便等优点,越来越多地应用于稠油油藏的开发。中国石油下属的辽河油田、华北油田、新疆油田、吉林油田等都先后推广应用了螺杆泵井采油技术。截至2021年底,华北油田共有螺杆泵采油井557口。通过技术交流了解到,各企业在推广螺杆泵井应用中,普遍存在以下问题,一是设备故障率高,二是维修困难,三是运行效率低。螺杆泵井故障率高,维修时间长,劳动强度大,成为制约提高油井生产效率的行业难题。

2 故障原因

通过现场考察一线生产资料对比分析,发现造成上述问题的主要原因有:

(1)驱动头发生故障率高,驱动头减速箱漏油,造成轴承烧坏抱死。根据截至2021年底的油井生产数据统计,累计更换驱动头256次,故障率占比85%。造成驱动头烧坏抱死的主要原因:螺杆泵井驱动头设置有通气装置,然而在现场驱动头喷漆、修井作业等工作中,油泥杂质易将通气孔堵塞,另外通风孔太小,不便及时平衡泵头内外压差,造成驱动头密封处渗漏。现场通气装置的缺陷,使驱动头工作时箱体内温度不断升高,气体膨胀、压力增大,内外产生压力差,导致润滑油沿分箱面及输入、输出轴加速泄漏。尤其冬夏两季,冷热变化大时,渗漏现象更为严重;驱动头机油补充不及时,会造成泵驱动头缺失润滑,轴承抱死,烧坏驱动头。

(2)更换电动机皮带时间长,每次拆卸时长2.5h以上,拆卸皮带护罩困难。主要原因:护罩的固定螺栓裸露在室外,受外部环境的影响,螺栓锈蚀,不易拆卸;另外固定螺栓都在护罩内部,拆卸空间受限,也造成拆卸护罩时间长、拆卸困难、操作员工劳动强度大。

(3)密封填料更换困难,平均每次更换时长1.5h。主要原因:密封盒固定在支撑架内部,受到支撑板的限制，操作空间十分有限，很多工具无法展开维修工作，现有的专用维修工具在拆卸密封盒时容易出现打滑现象，有时还会出现急救事件。同时，有限的空间使加取密封填料十分困难，旧的密封填料不能彻底取出，新的密封填料加得不标准，加剧了密封填料磨损速度，造成更换完密封填料盒很快就出现渗漏。

3 故障处理

为了提高螺杆泵井运行效率，减少驱动头更换次数，缩短更换电动机皮带、密封填料的时间，决定对螺杆泵井的驱动、传动、密封等系统进行改进。通过对前面问题原因的分析，从以下技术点来解决问题：

（1）在不改变驱动设备的前提下，改变驱动头的通风调压方式和添加机油的方式。

从螺杆泵井驱动头上原通风换气装置着手，在功能性、过滤性、防护性、换气性等方面展开攻关，通过增加通风孔数量、通风孔底部设计等，来达到通风换气、便于加油、阻挡外部泥沙侵入、吸附泵头内部蒸汽的目的，形成了一个多功能呼吸器（图1）。

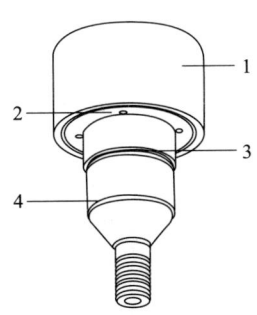

图1 螺杆泵井多功能呼吸器示意图
1—密封盖；2—通风孔；3—加油通风器；4—加油漏斗

螺杆泵井多功能呼吸器在螺杆泵井采油中是首创，独特的设计，解决了驱动头泵体压力不平衡、员工加油困难、驱动头进泥沙堵塞、雨水乳化等问题，创新程度高、实用性强。

（2）在保证安全的前提下，由拆卸防护罩来更换电动机皮带，转变为不拆卸、通过增加一个支架实现防护罩90°翻转（图2）的方式来完成电动机皮带更换工作。

合页式护罩只需要一条固定螺栓即实现支撑座、支架和护罩的连接，合页实现护罩的90°翻转，使操作不需要再将护罩拆卸到地面摆放，消除了搬运过程中的安全隐患，操作更加便捷。

（3）针对更换密封填料困难的原因，设计一种新式密封盒，彻底解决密封盒渗漏问题。

密封盒经常发生渗漏的原因，主要还是螺杆泵井特有的运动方式，地面驱动头带动抽油杆柱旋转，使螺杆泵转子随之一起转动，井液经螺杆泵下部吸入，由上端排出，并沿油管柱向上流动，它是利用旋转运动实现抽油的，由于光杆和密封盒旋转不同步造成了密封填料磨损严重。

新式密封盒底部（图3）和密封盒压帽加装滚珠轴承，密封盒压帽增设紧固螺帽，达到扶正的目的。利用滚珠轴承扶正，在油田生产领域是首创！滚珠轴承的加装，在扶正的同时起到防磨作用，解决转动不同轴造成密封盒底部磨损、压帽磨损引起的密封盒刺漏。

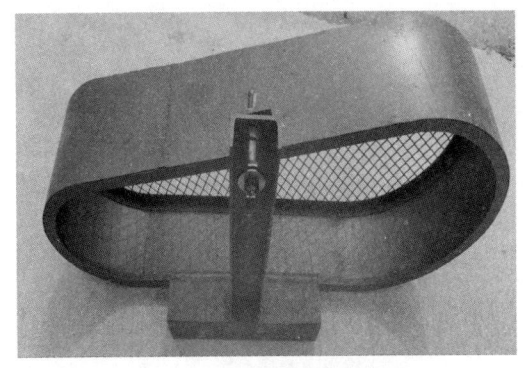

图2 合页式防滑罩实物图

图 3 光杆扶正密封盒示意图

4 应用效果

2022 年 6 月，螺杆泵井组合新装置在 X70-24 井、X10-60 井实验成功后，又在第五采油厂 6 个采油作业区、第一采油厂、二连分公司的 118 口油井应用。其良好的效果表现在于：

（1）驱动头故障次数由 256 次 / 年降到 135 次 / 年（折合）；

（2）更换电动机皮带时间，由原来 2.5h 减少到 1h；

（3）更换密封填料时间由 1.5h 缩短到 0.5h。

与去年同期相比减少更换驱动头 67 次，各项维修作业操作时间缩短 60% 以上，提高了设备运行效率。通过缩短维修时间、减少维修人员、降低青赔费支出，产生了较好的经济效益，累计创效 127 万元。

此外，降低了劳动强度，员工进行各项维修操作更加省时省力，方便快捷；保证了安全生产，消除了设备运行中的安全隐患，提升了设备运行效率；减少了井口密封刺漏，有效降低危废的产生及处理费用，助力绿色矿山持续发展。

（作者：李秉军，华北油田第五采油厂，采油工，高级技师；曾庆伟，华北油田二连分公司，集输工，高级技师；王振东，华北油田第一采油厂，采油工，高级技师；徐涛，华北油田第五采油厂，采油工，高级技师；吴桂强，华北油田第五采油厂，电焊工，高级技师）

自清洁量油尺的研制与应用

◆ 杨文明 韩 娣 姜 宏

量油尺（图1）是石油化工行业最常用的计量器具之一，应用在原油大罐检尺、水罐油水界面探测等作业中，在操作中通常需两人配合，如果单人操作在擦拭尺子的过程中容易出现量油尺滑落以及打卷现象，且由于尺边较为锋利有割伤手的风险。本文拟通过改进量油尺前端的结构，从而达到在量油时实现单人操作，提升操作的安全性，降低员工的劳动强度，提升企业效益的目的。

图1 量油尺

1 常用量油尺存在的问题

操作员工在大罐量油过程中最困难的就是在回收量油尺时无法一边回收尺子一边擦拭量油尺，如果单人操作会产生尺子打卷弯折等问题，回收尺子的时间也很长，而且为保证量油的准确性通常要求进行两次量油，操作十分不便。在两名员工操作时，一名员工擦拭尺子，另一名员工回收量油尺，增加了员工的劳动强度，降低了工作效率。

2 设计思路

通过对量油尺的观察和分析，要达到快速量油和实现单人操作量油就必须对量油尺进行改进。量油尺的前端设计一个自清洁装置就可以实现上述目标。

3 自清洁量油尺设计方案

3.1 自清洁装置设计

自清洁装置由储棉腔（图2）和压盖（图3）组成，储棉腔在装置下半部分，设计成凹型，主要是为了填充清洁材料，考虑量油时尺子必须在清洁材料间滑动，在储棉腔的中间位置向下开

15mm×25mm 的槽口，便于尺子在量油时做到下尺慢、提尺快。

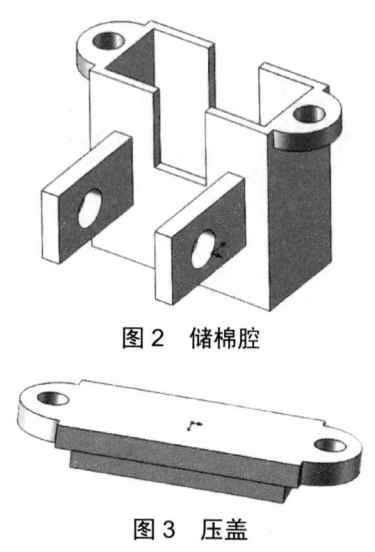

图 2　储棉腔

图 3　压盖

压盖在清洁装置的上半部分，压盖的中间部分设计一个长、宽、高为 80mm×45mm×6mm 的凸台，主要是为了压紧储棉腔内部的清洁材料。

3.2　自清洁装置使用

将自清洁装置使用螺栓安装在量油尺的前端，装置的上下两部分采用蝶形螺母连接，采用蝶形螺母的目的是便于在上下尺时旋紧和调松尺子的压紧力。将尺身从装置的开槽口中穿过，在储棉腔内装入裁剪过的棉质手套，装置的上下部分紧密安装在一起就可以正常使用。储棉腔内部的填充材料需采用防静电的棉质材料，比如棉纱等，在实际操作中选用了密度适中的废弃的防静电的劳保手套进行裁剪后填入储棉腔内部，并且适度压紧，安装完成后效果如图 4 所示。

图 4　自清洁量油尺安装效果图

在量油时要求下尺慢、提尺快。在量油下尺时压紧的力度要小一些，防止下尺时卡住，在提尺时压紧的力度要大一些，以保证尺面的清洁效果。为防止在使用过程中产生火花，影响安全生产，该装置材质必须采用铝或铜制作。

4　应用效果

该装置在现场使用后，清洁效果良好，极大地减轻了员工的劳动强度，节约了工作时间，单人即可轻松完成检尺任务，同时也保证了安全生产。

自清洁量油装置结构简单，安装方便，应用范围广，仅在青海油田采油三厂推广使用后每年可节约 3650 工时，按照每个工时 25 元计算，每年创效近 10 万元。

（作者：杨文明，青海油田采油三厂，集输工，高级技师；韩娣，青海油田培训中心，讲师；姜宏，青海油田采油三厂，集输工，高级技师）

山地施工雷管运输工具研究与应用

◆ 张魁军

地球物理勘探，是应用物理学的原理与方法对天然存在或人工建立的地球物理场进行观测，从研究地壳浅层的物性与结构出发，来寻找和勘探有用矿产与解决某些地质问题的一门技术科学。人工建立的地球物理场，是由人工爆炸产生弹性波在地下传播的弹性波场，用仪器观测由此引起物理场的变化，通过处理、解释，研究地质构造形态和矿藏。这种激发方法需要雷管引爆炸药，产生弹性波来达到勘探目的。雷管的使用必不可少，运输则是重要环节。运输分为道路运输和场地运输，本文主要针对场地运输进行研究。场地运输主要是用雷管箱装雷管，人背雷管箱运输雷管到制作药包现场。

在地震勘探井炮施工过程中，雷管运输安全非常重要，雷管箱既要保证使用安全，还需要背负舒适便捷、便于操作。

药包制作现场大致分平原区和山地区两种地形。平原作业现场，雨季路面湿滑，应注意防止摔倒后身体压住箱子造成腰部损伤。山地现场空手行走相对较难，作业人员负重前行更加艰难。之前，方形雷管箱运输装置由于受外部形状限制，平面不粘贴身体，工作人员行走时摇摆不定，需要用手把扶装置将装置附着在身体侧面，但用手把扶装置影响身体的协调性，如遇路面不平整、湿滑容易摔跤。滑倒状态时由于惯性作用箱体会先落地，身体落在箱体上面，肉体直接撞击金属装置表面，对身体产生强烈伤害。装置有棱角，行走在野外山路时，容易钩挂带刺植物。行走狭窄小路或断壁边缘，与其他物体（崖体、断壁、杂草、树木）发生撞击产生反作用力超强，存在掉崖、坠落等安全风险。

因此需要一种人体学防剐蹭防撞击运输雷管的装置，以适应物探激发的发展和市场的需求。

对于当前市场使用的雷管箱来说，箱体的形状、功能、背负方式等都容易对工作人员造成健康伤害或危及生命。在野外井炮施工过程中，用了很多方法不断实验，改变常规箱体的作业方法，保证人员生命安全及身体背负舒适的同时不断提高生产效率。本文对箱体改进的4个实验方案进行介绍。

1 技术难点

1.1 箱体改进方法及体验

野外井炮施工现场，根据现场地形的特性，设定了4种实验方案：一是贴赋性体验；二是去棱角体验；三是改变背负方式体验；四是加减震装置体验。对这4种情况分别进行现场多组操作体验，并收集相关实验数据。下面对4种实验方法及取得的结果进行分析。

2 实施方案

2.1 形状贴敷体验

2.1.1 方形箱体贴敷体验

由于箱体是方形（图1），六面均为平面，背负箱体时箱体表面不贴身，前后晃动。作业人员爬山时现有单肩雷管箱重心向前阻挡包药员工前进的步伐，下坡时重心向后，需要手扶箱体才能稳定，束缚手的其他功能。如果道路湿滑操作人员向后摔倒时，身体失衡手受大脑功能支配无暇扶箱体。箱子由于惯性作用重心向后，箱子先着地，人落在箱体上会造成人身伤害。

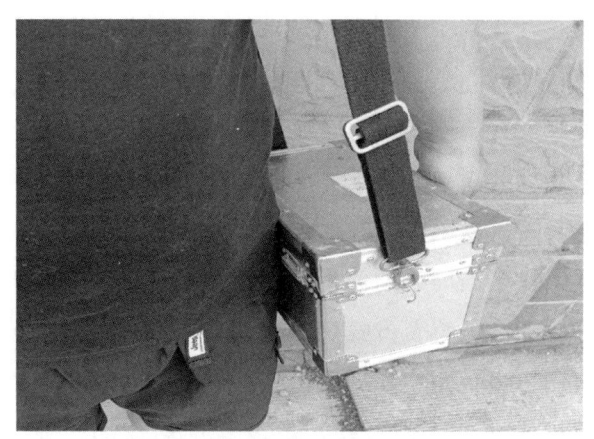

图1 背负式方箱贴敷体验

2.1.2 腰果形箱体贴敷体验

改变形状为腰果形状后（图2），箱体背板为符合人体学曲形背部面板。弯曲面箱体在背负过程中，曲面可以完全与身体贴合，具有高强度的贴敷感，身体的舒适感极强。

运输雷管过程中每个细小环节不到位都可能使爆炸工身体受到伤害或危及生命。如果箱子的贴敷性良好，箱体重心和身体重心保持一致，箱、人合一，身体的整体协调性增强，增加爆炸工背负的舒适度、降低疲劳强度。

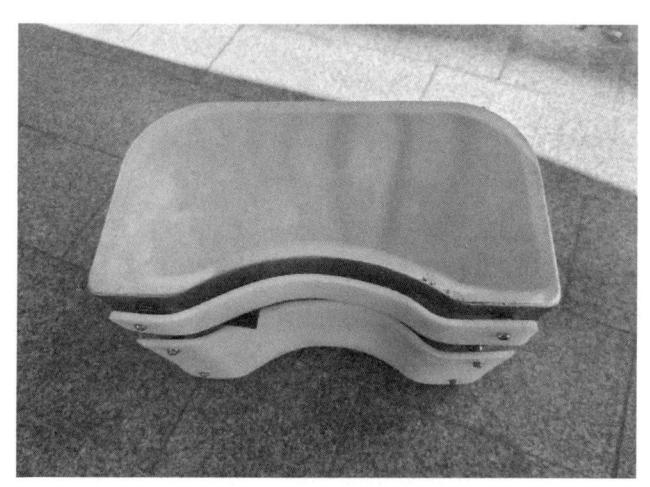

图2 腰果箱背负

2.2 有、无棱角体验

2.2.1 有棱角体验

背负有棱角的箱体（图3），经过草丛、枝叶茂盛的地方，有钩刺枝条的刺会钩住箱体外部支架，尤其是在上山或下山途中，被钩住强行拉断时，由于用力过猛拉断植被会产生身体失衡滑落等危险。

路过峭壁边缘或下方小路时，棱角剐蹭崖壁，遇到窄路湿滑，需要加速通过时，此时尖角如有强烈的冲击剐蹭崖壁，容易受反作用力冲击将人拉入崖底，会造成滑落涧底的风险，危及爆炸工的生命。

2.2.2 无棱角体验

无棱角（图4）通过刺林时畅通无阻。箱体

圆滑没有缝隙，枝叶无处钩挂。通过崖体时没有尖角的冲击剐蹭，剧烈的冲击变为挤、蹭，杜绝剧烈冲击，减少强烈的反作用力危害。

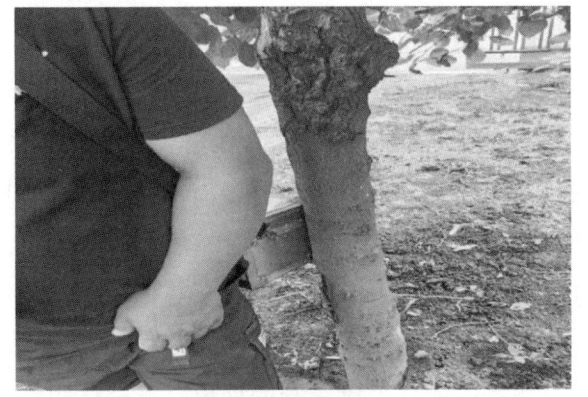

图3 有棱角体验

去棱角后，消除钩挂风险、剐蹭风险，由撞击转化为挤、磨、蹭，风险降低，充分保护工作人员生命安全。

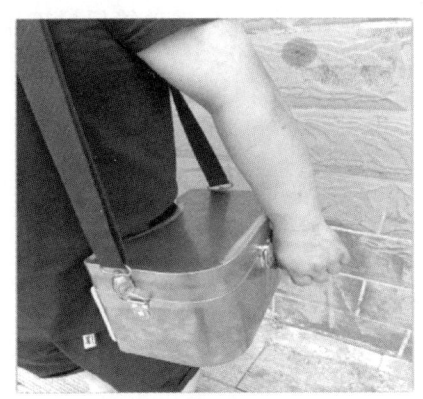

图4 无棱角箱体体验

2.3 背负方式体验

2.3.1 单肩背负体验

单肩背箱子，箱体随身体前倾和后仰，重心不断变化，身体变化频率增加，箱体重心变化剧烈，导致身体协调性下降，极其容易失衡酿成伤害。必须手扶箱体，使其稳定。爬山时手被箱体束缚，上下坡路时，存在被障碍物划伤、摔伤等风险。

图5 原箱体背负体验

2.3.2 腰挎式体验

腰挎式背负（图6），箱体稳定性提高，不摇晃，重心稳定在胯部，无论身体前倾还是后仰，箱体重心基本不变，身体控制箱体重心能力增强。腰挎式背负可以腾出双手辅助爬山或下坡，爆炸工爬坡能力增强。

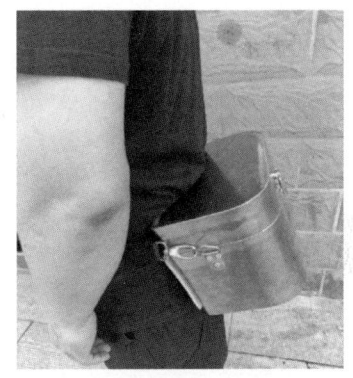

图6 腰挎式背负体验

2.4 减震体验

2.4.1 无减震体验

无减震装置（图7），如果身体失衡摔倒，人体比较高的部分因为惯性作用保持原来的速度向前，而下半部分因为受阻力作用会减速，其结果就是身体倾斜，使人体失去平衡，摔到箱体上。箱体为金属制造，棱角分明，几乎任何无弹性。人员摔倒在箱体上或棱角处，轻者身体肿胀，重者骨折，伤害级别相对较高。

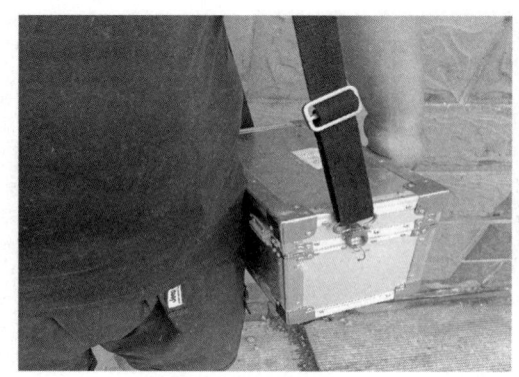

图7 无减震体验

2.4.2 加装减震体验

加装减震措施后（图8），不慎摔倒在箱体上，由于箱体背面是塑胶板体，具有柔韧性能，并且塑胶板下面还有减震塑胶垫二次减震，冲击力二次减缓，整体危害性能减弱，对身体伤害程度相对降低。

图8 加装减震体验

3 应用效果

改进后的箱体为腰果形，四周没有接缝，一体成型，表面圆滑。正面是卡扣锁，禁锢上面舱门，防止舱门自行打开。背部由两个折页连接上下舱。箱体贴近身体部分加减震装置，防止背负人员摔倒在箱体上，减轻身体与箱体的硬撞击，使硬撞击转换为软撞击，减轻撞击强度，减少身体伤害。腰挎式背负后，雷管箱的重心基本和人体重心位置相似，基本可以保障身体协调性，安全性能相对升高。

腰挎式腰果形雷管箱的使用，无论是背负方式还是舒适度，都明显好于单肩背负的方形雷管箱，能够明显感到贴敷性能好，舒适度明显增强，重心控制自如，有效地提高运输效率。是根据人体学设计，形状适合背负、具有背负黏性、无棱角、防剐蹭、附带减震功能保护工作人员的装置。

（作者：张魁军，东方地球物理公司大庆物探二公司，地震勘探工，特级技师）